Josephine Apraku

Mein Workbook zu Rassismus

Für eine alltägliche und tiefgehende Auseinandersetzung

familiar faces verlag

Josephine Apraku

Mein Workbook zu Rassismus

Für eine alltägliche und tiefgehende

Auseinandersetzung

familiar faces verlag

Inhalt

Eine

Einladung

Eine Einladung

Rassismus lebt von unserem Unwissen, davon, dass wir ihn nicht als solchen wahrnehmen, davon, dass wir nicht gegen ihn eintreten und davon, dass er noch immer zu wenig thematisiert wird.

Rassismus wird in Deutschland meist als »Randerscheinung« verstanden. Aufgegriffen werden in diesem Zusammenhang vor allem rassistische Anschläge wie der auf eine Geflüchtetenunterkunft in Rostock-Lichtenhagen in den 1990er Jahren oder der Anschlag am 19. Februar 2020 in Hanau. Dieses Verständnis von Rassismus ist ein wesentlicher Teil des Problems: Es verkürzt Rassismus auf seine absichtsvollste und gewalttätigste Form. Tatsächlich aber ist Rassismus strukturell in unserer Gesellschaft verankert und hat damit Auswirkungen auf unser alltägliches gesellschaftliches Miteinander.

Wie also können wir strukturellem Rassismus begegnen? Wie können wir lernen, Rassismus und sein Wirken umfassender zu erkennen? Wie können wir selbst in die Reflexion gehen, ins Handeln kommen und uns bewusst gegen Rassismus einsetzen?

Der Anfang liegt bei dir. Mit diesem Workbook möchte ich dich einladen, radikale Verantwortung für deinen eigenen Lernprozess zu übernehmen. Das mag simpel klingen. Tatsächlich aber mache ich ständig die Erfahrung, dass Menschen sich konkrete Handlungsanweisungen für alle möglichen unterschiedlichen

Situationen wünschen. Einige wünschen sich dann, dass ich die einzelnen Schritte benenne, um eine Situation, in der Rassismus reproduziert wird, aufzulösen. Das Problem ist, es gibt nicht nur kein Rezept dafür, das garantiert, dass wir uns oder andere Menschen sich nie wieder rassistisch verhalten oder wir Rassismus erfahren. In einer Welt, die anhand von Rassismus strukturiert ist, ist es auch schlicht nicht realistisch Rassismus als Einzelperson völlig aufzulösen. Schließlich verbleiben wir in Strukturen, die Tag für Tag dazu beitragen, dass Rassismus Bestand hat – in uns selbst und überall um uns herum.

Eine andere Herausforderung, die ich in diesem Zusammenhang wahrnehme, ist, dass Handlungsanweisungen den Eindruck erwecken, dass es einfach ist, sich gegen Rassismus einzusetzen. Das ist es aber nicht. Im Gegenteil, es ist harte Arbeit. Wenn wir Rassismus bekämpfen wollen, sind es die allgegenwärtigen rassistischen Strukturen, die wir unterbrechen müssen. Das ist – und ich nehme an, dass du deshalb hier bist – keineswegs ein konfliktfreier Prozess. Rassismuskritik kann zur Folge haben, dass wir dort, wo wir eben noch meinten Gewissheit zu haben, plötzlich Verunsicherung verspüren. Sie kann auch bedeuten, dass wir die Menschen, die uns nahestehen, die uns wichtig sind, plötzlich aus einer anderen Perspektive wahrnehmen. Rassismuskritik trägt dazu bei – besonders, wenn wir uns länger mit Rassismus befassen –, dass wir normal Geglaubtes hinterfragen und uns selbst und die Welt mit anderen Augen betrachten.

Radikale Verantwortung für den eigenen Lernprozess zu übernehmen erfordert auch, dass wir einen Umgang mit den Gefühlen finden, die diesen Prozess oftmals begleiten und die sich nicht zwingend gut anfühlen. Das kann für uns bedeuten, dass wir Methoden finden, um mit der Frustration oder der Trauer über die rassistisch strukturierte Gesellschaft umzugehen.

Ich möchte ehrlich sein: Dieser Prozess kann einsam und frustrierend sein, auch deshalb, weil er nie abgeschlossen sein wird. Das ist auch bei mir nicht anders. Ich selbst lerne beständig Neues über Rassismus. Und alles, was ich lerne, schärft meine Kritik an ihm. Es ist nämlich so: Je mehr ich über Rassismus und seine Wirkweisen weiß, desto eher kann ich wahrnehmen und abwägen, wie ich gegen ihn vorgehen kann. Das gilt nicht nur im Zusammenhang mit Menschen, die mich unmittelbar umgeben. Das gilt gleichermaßen für Regeln, Maßnahmen und Gesetzgebungen, die etwa dazu führen, dass Rassismus Bestand hat.

Mit diesem Workbook werde ich nicht alle deine Fragen zu Rassismus beantworten. Ich werde auch nicht aufzeigen, wie du dich »am besten« gegen ihn einsetzen kannst. Beides ist nicht mein Ziel. Mein Ziel ist es, dir mit diesem Workbook ein Puzzleteil zu liefern, das dich dabei unterstützt, die Möglichkeiten, die du mitbringst, wahrzunehmen. Das ist viel. Denn der Fokus in Gesprächen über Rassismus liegt meist darauf, was »fehlt«, was ich »nicht angesprochen habe«, was du »noch nicht kannst« oder was du hättest »wissen sollen«. Dieser einseitige Fokus ist nicht hilfreich. Ich will gar nicht behaupten, dass es unnötig ist zu reflektieren, was nicht funktioniert. Allerdings endet Rassismuskritik nicht mit der kritischen Reflexion. Rassismuskritik – diesen Satz sage und schreibe ich oft – heißt Rassismus zu unterbrechen. Rassismus zu kritisieren heißt, dass wir unser Verhalten ändern müssen, um gegen ihn einzutreten. Kurz: Unser Ziel ist nicht die rassistischen Missstände *aufzuzeigen*. Unser Ziel ist die rassistischen Missstände zu *bekämpfen*.

Du kannst dieses Workbook als eine Mischung aus Workshop und Tagebuch betrachten. Ich würde sagen, es ist das Beste aus beiden Welten: Es enthält Übungen und Reflexionsaufgaben, eine Anleitung und einen roten Faden. Du kannst aber alles in deinem Tempo machen und du kannst dir das Workbook immer wieder vornehmen.

Für wen ist dieses Workbook?

Dieses Workbook ist für dich. Ich habe es geschrieben, damit du im Alltag innehalten kannst und einen Raum für Selbstreflexion hast. Wenn du dich nun fragst, »Wer ist mit ›dich‹ gemeint?«, dann ist das eine berechtigte Frage. Schließlich hat Rassismus zur Folge, dass *weiße* Menschen privilegiert und BIPoC benachteiligt werden. Das äußert sich in gewisser Weise auch darin, dass es deutlich weniger Bücher, Materialien und Bildungsangebote für Menschen mit Rassismuserfahrung gibt. Deshalb ist es mir wichtig, dass das Workbook sich nicht ausschließlich an *weiße* Menschen richtet, sondern genauso an Menschen, die Rassismus erfahren. Denn wir alle werden nicht mit rassismuskritischem Wissen geboren. Wie gesagt, Rassismus lebt davon, dass er nicht thematisiert wird. Das hat einen großen Einfluss darauf, wann und in welchen Zusammenhängen BIPoC überhaupt eine Gelegenheit erhalten, zu den rassistischen Strukturen in der Gesellschaft zu lernen. Daher werde ich an einigen Stellen für die gleiche Übung unterschiedliche Fragen für BIPoC beziehungsweise für *weiße* Menschen aufgreifen. An anderen Stellen gibt es in Teilen unterschiedliches Material für Menschen, die Rassismus erfahren und für *weiße* Menschen. Und manchmal unterscheiden sich lediglich die Reflexionsfragen.

Das Workbook ist so gestaltet, dass du nicht allzu viel Vorwissen brauchst. Wichtig ist, dass du deine soziale Position im Zusammenhang mit Rassismus kennst und weißt, ob du *weiß* positioniert bist oder ob du rassistische Diskriminierung erfährst. Darüber hinaus werden die unterschiedlichen Übungen von Texten begleitet, die jeweils die Themen einleiten. Dennoch: Wenn du offene Fragen hast, die hier nicht aufgegriffen oder beantwortet werden, stell gern eigene Recherchen an, lies Bücher anderer Menschen zum Thema, hör Podcasts – was auch immer dich weiterbringt und dir hilft ein klareres Verständnis von Rassismus zu erlangen, mach das!

Wie ist das Workbook aufgebaut?

Das Workbook besteht aus drei Teilen: Im ersten Teil »Du« liegt der Fokus auf dir. Hier geht es um deine Motivation, deine Persönlichkeit und dein Wissen über Rassismus. Der zweite Teil »Du und andere Menschen« umfasst Übungen, mit denen du Handlungsoptionen für unterschiedliche zwischenmenschliche Situationen ausloten kannst. In diesem Zusammenhang bist du eingeladen zu reflektieren, welche Strategien für dich denkbar sind. Die Übungen im zweiten Teil greifen deine Ergebnisse aus dem ersten Teil auf: Es geht also auch darum, deine eigene Persönlichkeit und deine Eigenschaften im Kontext von Rassismus zu reflektieren, um so die eigene Rassismuskritik zu stärken statt vorgefertigten Anleitungen zu folgen. Der dritte Teil »Raum für dich« umfasst ein Tagebuch, das du zwischendurch zur Reflexion füllen kannst. Darüber hinaus findest du in diesem Teil deinen ultimativen persönlichen Spickzettel, auf den du alle deine zusammengefassten Zwischenergebnisse eintragen kannst. Dort findest du auch ein Glossar, das einige der wesentlichen Begriffe erläutert.

Wie sollte das Workbook verwendet werden?

Die Inhalte des Workbooks bauen aufeinander auf und beziehen sich aufeinander, daher ist es sinnvoll, wenn du dich von vorne nach hinten durcharbeitest. Die einzige Ausnahme hierzu ist der dritte Teil, in dem sich dein Spickzettel für persönliche Notizen, dein Tagebuch für deine tägliche Reflexion und das Glossar befinden. Diesen Teil kannst du flexibel nutzen, wann immer du willst.

Ich möchte dich einladen, dir für das Workbook, vor allem aber für deine Gedanken Zeit zu nehmen und auch Pausen zu machen.
Es gibt keine Goldsternchen ins Heft, weil du besonders schnell bist. Mit »Zeit« meine ich nicht zwingend, dass du jeden Tag 30 Minuten freimachen und mit den Inhalten des Workbooks verbringen musst. Ich weiß, dass das für viele Menschen und aus vielen Gründen nicht realistisch ist. Denn die unterschiedlichen Formen von Unterdrückung haben zur Folge, dass auch freie Zeit ungleich verteilt ist. Das macht Zeit für Diskriminierungskritik so bedeutsam: Für gesellschaftlichen Wandel brauchen wir Zeit. Vielleicht hast du ja 30 Minuten pro Woche oder alle paar Tage. Ich würde dir empfehlen – wenn es dir möglich ist – einen festen Termin für dich zu machen.

Einige der Übungen können herausfordernd sein und Emotionen wecken, mit denen du nicht rechnest. Vielleicht hast du bereits Personen in deinem Leben, mit denen du dich über Rassismus austauschst und denen du vertraust, mit denen du einige der Übungen zusammen machen kannst? Ich finde das besonders als Person wichtig, die Rassismus erfährt – es gibt wenig Dinge, die für mich so hilfreich waren und es noch sind wie der Austausch mit anderen Menschen, die ebenfalls Rassismus erfahren.

Noch etwas: Leg dir ein paar Stifte bereit. An vielen Stellen gibt es Übungen, zu denen du deine Antworten schriftlich festhalten solltest. Ich schreibe hier deshalb »solltest«, weil es das im weiteren Verlauf einfacher macht, dich wieder auf deine Gedanken zu beziehen.

Jetzt aber: Viel Spaß!

Anmerkung der Designerin Die Gestaltung dieses Buches nimmt Inspiration an alten Skizzenpapieren und Schulheften. Die Linien und Raster bieten dir Unterstützung beim Schreiben – nimm dir gerne diesen Raum für deine Gedanken und Notizen. Zugleich sind die Raster nicht starr, vielmehr verändern sie sich von Kapitel zu Kapitel in Größe, Form und Farbigkeit und verweisen damit auch auf die gleichermaßen starren wie beweglichen Strukturen, in denen wir uns befinden. Auch innerhalb der einzelnen Kapitel wirst du am Anfang ein eher enges Raster vorfinden, das sich mit fortlaufender Bearbeitung des Themas mehr und mehr lichtet und öffnet.

Teil I:

Du

Teil I: Du

Jetzt geht es um dich. Es geht um deine Motivation und deine Ziele. Gemeinsam werfen wir auch einen Blick auf deine Eigenschaften und wie diese im Zusammenhang mit Erhalt und Abbau von Rassismus bedeutsam sind. Auch dein emotionales Erleben und wie Rassismus die Identität beeinflusst werden hier zum Thema.

1 Rassismuskritik: Deine Ziele und deine Motivation

Du wunderst dich vielleicht, warum es ein Kapitel gibt, das sich mit deiner Motivation und deinen Zielen beschäftigt. Vielleicht denkst du: »Hä?! Ist doch klar, ich will gegen Rassismus kämpfen!« und »Ich wünsche mir eine Welt, in der es keinen Rassismus gibt« oder »Ich möchte besser argumentieren können, wenn mein Onkel etwas Rassistisches sagt«. Tatsächlich ist es aber wichtig, dass du für dich klar benennen kannst, was deine konkrete persönliche Motivation ist und welche Ziele du verfolgst. Denn davon leitet sich ab, ob es etwa bestimmte Baustellen gibt, die du angehen willst oder welche Strategien dafür sinnvoll sind.

Ein anderer Aspekt ist mir in diesem Zusammenhang noch wichtiger: Ich mache ständig die Erfahrung, dass Menschen im Kontext ihrer Kritik an Rassismus vor allem auf das Verhalten anderer Menschen fokussiert sind. Natürlich ist es unser gemeinsames Ziel, dass wir rassistische Strukturen abbauen. Oft sind Menschen jedoch frustriert oder geben auf, weil es ihr Anspruch ist, das Verhalten anderer Menschen zu ändern. Darüber vergessen sie, dass es viele Dinge gibt, die sie tatsächlich verändern könnten. Dinge, auf die sie Einfluss haben. Ihre Energie fließt aber nicht dorthin, sondern verpufft an der Unmöglichkeit das Verhalten anderer zu kontrollieren.

Ich mache es kurz: Wir können das Verhalten anderer Menschen nicht verändern. Besonders *weiße* Menschen legen in ihrem Lernprozess schnell einen Fokus darauf, dass sie andere – nicht nur *weiße* Menschen – dazu bewegen wollen, sich ebenfalls mit Rassismus zu beschäftigen. Dieser Ansatz ist selten erfolgreich. Meistens sind es vor allem Menschen, die sich weder tiefergehend noch längerfristig mit Rassismus beschäftigt haben, die ihn verfolgen. Und obwohl der Gedanke nicht völlig abwegig ist, trägt er meist vor allem dazu bei, das eigentliche Ziel aus den Augen zu verlieren: nämlich Menschen, die von Rassismus betroffen sind, vor Rassismus zu schützen.

Das heißt nicht, dass die Interaktion mit Menschen in deinem Umfeld egal oder unwichtig ist. Sie ist nur auf andere Weise von Bedeutung. Den größten Einfluss hast du auf zwischenmenschliche Begegnungen, wenn du die Person veränderst, auf deren Handeln du direkt einwirken kannst – dich selbst. Der Fokus liegt entsprechend darauf, dass du selbst eine klare Haltung entwickelst und bereit bist dazuzulernen, indem du deinem Denken und Handeln gegenüber aufmerksam bist und wahrnimmst, was deine persönlichen Herausforderungen und Handlungsräume sind. Eine klare Position kann für andere Menschen durchaus hilfreich und inspirierend sein.

Eine aufrichtige kritische Selbstreflexion – und darin unterstützt dich dieses Workbook – kann dich etwa darin bestärken in Momenten, in denen Rassismus reproduziert wird, klar Position zu beziehen. Das kann ein einfacher Satz wie »Ich möchte so etwas Rassistisches nicht hören« sein, mit dem du dich abgrenzt. Ein Beispiel: Meine Schwester wurde kürzlich in eine endlose Diskussion verwickelt, in der eine *weiße* Person darauf beharrt hat, dass meine Schwester Rassismus erläutert, und zwar so, dass die *weiße* Person keine Einwände mehr hat. Meine Schwester hat schnell bemerkt, dass die Person nicht ernsthaft daran interessiert war, strukturellen Rassismus besser zu verstehen. Also entschloss sie sich, ihre Zeit nicht auf die Person zu verschwenden und sagte: »Stopp! Ich erkläre dir das nicht. Lies dazu ein Buch«.

Mein Punkt ist simpel: Versuch dich in diesem Prozess nicht zu sehr auf andere Menschen und ihr rassistisches Verhalten zu fokussieren. Versuch stattdessen bei dir selbst zu bleiben, bei den Dingen, auf die du tatsächlich Einfluss hast.

Reflexion: Deine Ziele und deine Motivation

Bevor wir tiefer einsteigen und uns mit Aspekten wie deinen Eigenschaften und deinem Erleben von Emotionen im Zusammenhang mit Rassismuskritik beschäftigen, ist hier der Ort, um nochmal zu reflektieren, was deine persönliche Motivation ist und was deine Ziele sind. Ich möchte dich einladen, dabei völlig bei dir selbst zu bleiben. Es geht an dieser Stelle um die konkreten Dinge, die du für dich angehen möchtest – was andere Menschen tun und wie sie möglicherweise reagieren könnten, ist an dieser Stelle unerheblich. Ich zum Beispiel möchte ein besseres Verständnis davon erlangen, wie der europäische Kolonialismus sich auf die unterschiedlichen Regionen der Welt ausgewirkt hat. Ich erhoffe mir davon, dass meine Rassismuskritik umfassender wird und ich besser wahrnehmen kann, wie ich in rassistischen Strukturen intervenieren kann.

Nimm dir etwas Zeit und notiere, was dich motiviert und was deine Ziele sind. Halte deine Gedanken schriftlich fest, damit du wieder darauf zugreifen kannst.

Ziele/Motivation

Datum Ort

Datum Ort

Datum Ort

Abschlussreflexion

Was hat sich durch die Übung in dir verändert?

Welche neuen Möglichkeiten nimmst du für dich wahr?

Welche offenen Fragen hast du und wie kannst du sie dir beantworten?

Weitere Gedanken, die du notieren möchtest:

Übertrage die wichtigsten Ergebnisse auf deinen Spickzettel auf S. 174.

Notizen

Datum

Ort

2 Rassismuskritik: Dein Wissen über Rassismus

Rassismus funktioniert wesentlich darüber, dass er nicht thematisiert wird oder aber auf bestimmte, oftmals verkürzte Art und Weise. In diesem Zusammenhang wird oftmals diskutiert, ob eine Person, die beispielsweise etwas Rassistisches gesagt oder getan hat, dabei eine »böse Absicht« verfolgt hat. Wer ein strukturelles Verständnis von Rassismus hat, versteht, dass die »Absicht« bedeutungslos ist. Wer ein strukturelles Verständnis von Rassismus hat, weiß, dass wir Rassismus reproduzieren können, ohne dabei irgendeine Absicht zu haben – unwissentlich und ungewollt. Wir sind in ein rassistisches System hinein sozialisiert und das hat zur Folge, dass wir uns nicht »rassismusfrei« verhalten können.

Das gilt sowohl für Menschen, die *weiß* sind, als auch für BIPoC – allerdings auf unterschiedliche Art und Weise. So kann das für *weiße* Menschen bedeuten, dass sie sich selbst als »Retter*innen« wahrnehmen, wenn sie gegen Rassismus eintreten. Dabei lassen sie außer Acht, dass sie an dieser Stelle koloniale Vorstellungen wiederholen, mit denen rassistisch unterdrückte Menschen zu »hilflosen« und »uneigenständigen« Objekten degradiert werden. Für BIPoC kann zum Beispiel alltägliches Verhalten wie ein besonders freundliches Auftreten oder eine übermäßig klare Aussprache eine Reaktion auf Rassismuserfahrungen darstellen.

Rassismus zu verstehen und wahrzunehmen, wie und wann er funktioniert, ist nicht immer einfach. Denn Rassismus verändert sich mit der Gesellschaft. Er ist flexibel und dynamisch und sorgt damit dafür, dass er Bestand hat. Das heißt auch, dass wir aufmerksam bleiben und uns mit ihm verändern müssen. Was gestern noch ein rassismuskritischer Kampfbegriff war, kann schon morgen ein Begriff sein, der Rassismus reproduziert.

Was wir über Rassismus wissen, hängt von vielen unterschiedlichen Faktoren ab. Dazu gehört, ob wir Rassismus selbst erfahren, ob wir erleben, was rassistische Benachteiligung und Ausgrenzung im Alltag bedeuten oder ob wir durch rassistische Strukturen privilegiert werden. Dazu gehört auch, ob und wie in unserer Kindheit mit Rassismus umgegangen wurde und in welchem Umfeld wir uns heute aufhalten. Auch ob wir uns eigenständig mit Rassismus befassen, wie und wann wir das tun, hat Auswirkungen auf unser Verstehen. Nicht zuletzt haben unser Eintreten gegen Rassismus und die Reaktionen anderer Einfluss darauf, was wir über rassistische Strukturen wissen.

Reflexion: Wo ich bin und wo ich hin will

Auf diesen Seiten findest du einige Reflexionsfragen rund um dein Wissen über Rassismus. Im **ersten Schritt** (1) lade ich dich ein, die Fragen für dich zu beantworten und deine Antworten neben den Fragen zu notieren. Nimm dir dafür so viel Zeit wie du brauchst und denk gern einen Moment nach, wenn du nicht direkt eine Antwort hast. Es ist wichtig, dass du deine Antworten schriftlich festhältst, denn du brauchst sie für den zweiten Schritt.

Wenn du alle Fragen beantwortet hast, geh in einem **zweiten Schritt** (2) deine Antworten durch und überlege, wo du Leerstellen ausmachen kannst. Gibt es Aspekte, zu denen es dir schwerfiel, etwas zu schreiben? An welchen Stellen verspürst du Verunsicherung? Welche offenen Fragen hast du? In diesem Schritt lade ich dich ein, zu reflektieren, wie du mögliche Leerstellen füllen und offene Fragen beantworten könntest. Notier dir deine Gedanken zu der jeweiligen Frage. Für diesen Schritt kannst du gern eine andere Stiftfarbe verwenden. Das hilft dir, deine Antworten zu unterscheiden.

Wann habe ich das erste Mal etwas über Rassismus gelernt? Was habe ich in diesem Zusammenhang gelernt?

1

2

1

Was habe ich in diesem Zusammenhang nicht über Rassismus gelernt? Woran könnte das liegen?

2

Mache ich Rassismus in meinem Umfeld zum Thema? Wann mache ich das? Wann mache ich das nicht?

1

2

Welche Quellen (Bücher, Podcasts, Accounts auf sozialen Medien) nutze ich, um mich über Rassismus zu informieren?

1

2

1

Wann habe ich erstmals etwas zum europäischen Kolonialismus gelernt? Was habe ich in diesem Zusammenhang gelernt?

2

Was habe ich in diesem Zusammenhang nicht über den europäischen Kolonialismus gelernt? Woran könnte das liegen?

1

2

Wer sind mir nahestehende Menschen, mit denen ich mich zu Rassismus austauschen kann, ohne auf Abwehr zu stoßen?

1

2

1

Wann bin ich mir das erste Mal über meine soziale Position im Zusammenhang mit Rassismus bewusst geworden?

2

Was weiß ich über meine soziale Position im Kontext von Rassismus?

1

2

Welche Möglichkeiten und Herausforderungen für meine Rassismuskritik bringt meine soziale Position mit sich?

1

2

1

In welchen Kontexten fällt es mir leichter gegen Rassismus einzutreten? Welche Bedeutung hat meine soziale Position in diesem Zusammenhang?

2

Wie beeinflusst meine soziale Position mein Wissen über Rassismus?

1

2

Wann fällt es mir schwer, mein theoretisches Wissen im Alltag anzuwenden? Welche Bedeutung hat meine soziale Position in diesem Zusammenhang?

1

2

1

Wie gehe ich mit rassistischem Verhalten um? Welche Bedeutung hat meine soziale Position in diesem Zusammenhang?

2

Was verunsichert mich im Hinblick auf Rassismus und Rassismuskritik?

1

2

Welche Vorbilder habe ich für rassismuskritisches Handeln? Was macht sie für mich besonders?

1

2

1

Wozu hätte ich gern mehr Informationen und mehr Wissen? Welche Bedeutung hat meine soziale Position in diesem Zusammenhang?

2

Wie könnten neue Informationen mein Handeln gegen Rassismus beeinflussen?

1

2

Wie könnte mein aktueller Wissensstand mein Verständnis von und mein Handeln gegen Rassismus beeinflussen?

1

2

1

Wie sehr habe ich mich bisher verantwortlich für mein Wissen über Rassismus gefühlt? Welche Bedeutung hat meine soziale Position in diesem Zusammenhang?

2

Viel hilft viel! Oder:
Deine persönliche Bibliothek

Du erinnerst dich vielleicht: Ich habe zu Beginn darauf hingewiesen, wie wichtig es ist, Verantwortung für den eigenen Lernprozess zu übernehmen. Es gibt viele tolle Podcasts, Bücher, Instagram- und TikTok-Accounts, mit denen du Neues lernen kannst. Manchmal sind es kleine Teilaspekte, die dein Verständnis bereichern. Manchmal ist es die Art, wie eine Person Sachverhalte erklärt, die für dich besonders zugänglich ist. Es kann aber auch um ein konkretes Thema gehen, das dich besonders interessiert, wie etwa Rassismus und Gesundheitsversorgung oder Essen und Widerstand. Mich zum Beispiel hat Rassismus und Veganismus besonders interessiert. Mein Punkt ist: All diese Themen und Teilbereiche sind ungemein hilfreich, um zu verstehen, was »strukturell« bedeutet.

Bevor wir tiefer und mit weiteren Übungen zur Selbstreflexion einsteigen, möchte ich dich bitten, eine Recherche zu den untenstehenden Aspekten zu machen. Welche Bücher oder Dokumentationen findest du zu welchen Themen? Welche Podcasts oder Social-Media-Accounts sprechen dich an und unterstützen dich in deinem Lernprozess? Hier kannst du dir deine persönliche Bibliothek mit Materialien anlegen, die du bereits gelesen, gehört oder angesehen hast oder dir für später vormerken möchtest.

Tipp Deine Bibliothek bietet ausreichend Platz. Komm ruhig immer wieder hierher, schlage nach oder ergänze weitere Einträge.

Tipp Wenn du unterschiedliche Farben für deine Einträge verwendest und du zu jeder Farbe ein Datum hinterlässt, kannst du nachvollziehen, welche Themen und Materialien dir während deines Reflexionsprozesses wichtig geworden sind.

Anmerkung Ich habe auch eine kleine Bibliothek erstellt. Du findest sie hinten auf S. 180.

Buch/Artikel | Podcast | Film/Serie | Social Media | Online

Basics zu Rassismus

☐ ☐ ☐ ☐ ☐

☐ ☐ ☐ ☐ ☐

☐ ☐ ☐ ☐ ☐

☐ ☐ ☐ ☐ ☐

☐ ☐ ☐ ☐ ☐

Formen von Rassismus

☐ ☐ ☐ ☐ ☐

☐ ☐ ☐ ☐ ☐

☐ ☐ ☐ ☐ ☐

☐ ☐ ☐ ☐ ☐

☐ ☐ ☐ ☐ ☐

Kolonialismus

☐ ☐ ☐ ☐ ☐

☐ ☐ ☐ ☐ ☐

☐ ☐ ☐ ☐ ☐

☐ ☐ ☐ ☐ ☐

☐ ☐ ☐ ☐ ☐

Buch/Artikel | Podcast | Film/Serie | Social Media | Online

Buch/Artikel Podcast Film/Serie Social Media Online

Empowerment

- [ ] - [ ] - [ ] - [ ] - [ ]

Kritisches *Weiß*-Sein

Weißer Feminismus

Buch/Artikel Podcast Film/Serie Social Media Online

Intersektionalität	Buch/Artikel	Podcast	Film/Serie	Social Media	Online
	☐	☐	☐	☐	☐
	☐	☐	☐	☐	☐
	☐	☐	☐	☐	☐
	☐	☐	☐	☐	☐
	☐	☐	☐	☐	☐
Eigenes Thema:					
	☐	☐	☐	☐	☐
	☐	☐	☐	☐	☐
	☐	☐	☐	☐	☐
	☐	☐	☐	☐	☐
	☐	☐	☐	☐	☐
Eigenes Thema:					
	☐	☐	☐	☐	☐
	☐	☐	☐	☐	☐
	☐	☐	☐	☐	☐
	☐	☐	☐	☐	☐
	☐	☐	☐	☐	☐
	Buch/Artikel	Podcast	Film/Serie	Social Media	Online

Abschlussreflexion

Was hat sich durch die Übung in dir verändert?

Welche neuen Möglichkeiten nimmst du für dich wahr?

Welche offenen Fragen hast du und wie kannst du sie dir beantworten?

Weitere Gedanken, die du notieren möchtest:

Übertrage die wichtigsten Ergebnisse auf deinen Spickzettel auf S. 174.

3 Rassismuskritik: Deine Eigenschaften

Die Art und Weise, wie wir Rassismus entgegentreten, hat viel damit zu tun, wer wir selbst sind. Das meine ich ernst: Rassismuskritik ist durchaus persönlich. Deine persönlichen Eigenschaften wirken sich darauf aus, in welchen Momenten du wie auf rassistisches Verhalten reagierst und in welchen Momenten du es nicht tust oder Rassismus durch dein Verhalten reproduzierst.

Ich zum Beispiel würde mich als verantwortungsbewusst beschreiben. In vielen Fällen ist diese Eigenschaft auch hilfreich, wenn ich mich gegen Rassismus einsetze. Allerdings ergibt sich für mich dadurch auch ein gewisser Stress. Wenn ich etwa einen Workshop zu Rassismus leite, fühle ich mich besonders verantwortlich für die Lernprozesse der Menschen im Raum. Mir ist wichtig, dass sie möglichst viel mitnehmen, sich selbst reflektieren und ihr Verhalten verändern. Meist ist es jedoch so, dass in diesen Räumen vor allem *weiße* Menschen sind. Manchmal lasse ich dabei aber außer Acht, dass ich selbst von Rassismus betroffen bin und *weiße* Menschen eine eigene Verantwortung für ihren Lernprozess tragen. Diese Eigenschaft steht meiner Rassismuskritik nicht unmittelbar im Weg. Mein Verantwortungsbewusstsein veranlasst mich also zunächst dazu gegen Rassismus einzutreten, ihn wahrzunehmen – auch in und an mir selbst.

Gleichzeitig aber kann das dazu führen, dass ich der gängigen Erwartungshaltung an mich als Schwarze Person nachkomme, nämlich *weißen* Menschen mundgerecht zu erklären, wie er funktioniert. Es ist wichtig für mich, dass ich das wahrnehme und sie nicht von ihrer eigenen Verantwortung für ihren Lernprozess entbinde. In diesem Sinne sind unsere Eigenschaften weder grundsätzlich »positiv« noch »negativ«.

Ein anderes Beispiel, das ich oft von *weißen* Menschen höre, ist, dass sie Rassismus nicht thematisieren, weil sie sich als »harmoniebedürftig« beschreiben. Sie erzählen dann, dass sie etwa rassistische Aussagen von *weißen* Familienmitgliedern stehen lassen, weil sie befürchten, dass die Stimmung im Raum kippt. Tatsächlich ist die Wahrscheinlichkeit, dass die Stimmung sich verschlechtert, ziemlich hoch. Allerdings finde ich in diesem Kontext wichtig zu erwähnen, dass das, was in solchen Momenten unter »Harmonie« gefasst wird, das Aufrechterhalten rassistischer Strukturen ist. Sprich, die »Harmonie«, die hier nicht unterbrochen werden soll, gilt nicht für alle Menschen gleichermaßen. Für Menschen, die Rassismus erleben, ist der Raum kein harmonischer Raum. Es handelt sich um *weiße* »Harmonie«, die *weiße* Menschen davor bewahrt, mit dem eigenen rassistischen Verhalten konfrontiert zu werden und sich als Konsequenz daraus »angegriffen« oder verunsichert zu fühlen.

Warum ich das alles schreibe? Weil mir wichtig ist, deutlich zu machen, dass unsere Eigenschaften im Kontext unserer Kritik an rassistischen Strukturen bedeutungsvoll sind. Sie können eine hilfreiche Ressource sein, die es uns ermöglicht, uns auf unseren eigenen Lernprozess und auf Lernprozesse mit anderen einzulassen. Genauso können sie aber auch die Teile an uns sein, die es uns erschweren, uns klar gegen Rassismus zu positionieren. Es lohnt sich also, einen Blick auf unsere persönlichen Eigenschaften zu werfen und auszuloten, in welchen Situationen sie unserem Handeln gegen Rassismus dienlich oder hinderlich sind.

Bevor wir mit der Selbstreflexion beginnen, möchte ich noch einen weiteren Aspekt aufgreifen: Wir alle haben unsere eigene Art, uns gegen Rassismus einzusetzen. Einige Menschen sind etwa diskussionsfreudig und angriffslustig, andere mögen diplomatisch und besonnen sein. Unabhängig davon, wie deine Eigenschaften ausfallen, wenn du sie wahrnimmst, kannst du überlegen, in welchen Momenten sie deinem Eintreten gegen Rassismus zuträglich sind und in welchen nicht. Kurz: Es ist okay, wenn du deinen eigenen Stil hast. Ich persönlich finde es sogar sehr hilfreich, wenn Menschen ihre Kritik an den rassistischen Strukturen in der Gesellschaft auf unterschiedliche Art einbringen. Deshalb halte ich es für sinnvoll, diese eigene Art an sich wahrzunehmen, um sie ausbauen und schärfen zu können.

Jetzt geht es um dich: Wer bist du? Welche Eigenschaften machen dich aus? Schau dir die folgende Liste genau an und kreuze die Eigenschaften an, mit denen du dich beschreiben würdest. Du kannst natürlich auch dir nahestehende Menschen fragen, wie sie dich beschreiben würden. In diesem ersten Schritt geht es zunächst nur darum, deine Eigenschaften zu reflektieren. Es muss in diesem Zusammenhang noch nicht um Rassismus gehen. Du kannst auch an andere alltägliche Situationen denken und überlegen, wie du dich in diesen verhältst.

Aufgabe: Was dich ausmacht

Welche Eigenschaften treffen auf dich zu? Kreuze alle Eigenschaften an, mit denen du dich identifizierst. Zur besseren Übersicht ist die Liste alphabetisch geordnet.

A

- ☐ abenteuerlustig
- ☐ abgeklärt
- ☐ abwägend
- ☐ achtsam
- ☐ akribisch
- ☐ aktiv
- ☐ altruistisch
- ☐ ambiguitätstolerant
- ☐ ambitioniert
- ☐ analytisch
- ☐ angriffslustig
- ☐ angstfrei
- ☐ ängstlich
- ☐ anpassungsfähig
- ☐ anspruchsvoll
- ☐ antagonistisch
- ☐ anwesend
- ☐ aufbrausend
- ☐ aufgeregt
- ☐ aufgeschlossen
- ☐ aufmerksam
- ☐ aufrichtig
- ☐ ausdauernd
- ☐ ausgeglichen
- ☐ ausweichend

B

- ☐ bedacht
- ☐ beeinflussbar
- ☐ begeisterungsfähig
- ☐ beharrlich
- ☐ beherrscht
- ☐ beherzt
- ☐ behutsam
- ☐ beirrbar
- ☐ belastbar
- ☐ belehrend
- ☐ bemüht
- ☐ beratungsresistent
- ☐ berechenbar
- ☐ berechnend
- ☐ bescheiden
- ☐ beschützend
- ☐ besonnen
- ☐ besserwisserisch
- ☐ beständig
- ☐ bestimmerisch
- ☐ beweglich
- ☐ bodenständig

C

- ☐ chaotisch
- ☐ charakterstark
- ☐ charmant
- ☐ couragiert

D

- ☐ defensiv
- ☐ destruktiv
- ☐ detailverliebt
- ☐ differenziert
- ☐ diplomatisch
- ☐ direkt
- ☐ diskussionsfreudig
- ☐ distanziert
- ☐ diszipliniert
- ☐ dogmatisch
- ☐ dominant
- ☐ dramatisch
- ☐ dünnhäutig
- ☐ durchschauend
- ☐ durchsetzungsfähig
- ☐ dynamisch

E

- □ ehrgeizig
- □ ehrlich
- □ eigensinnig
- □ eigenständig
- □ eigenwillig
- □ einfallsreich
- □ einsichtig
- □ emotional
- □ empathisch
- □ empfindlich
- □ energisch
- □ engagiert
- □ entgegenkommend
- □ enthaltsam
- □ enthusiastisch
- □ entschieden
- □ entschlossen
- □ entspannt
- □ erfahren
- □ erfinderisch
- □ ergebnisorientiert
- □ ernst
- □ erwartungsvoll
- □ exakt
- □ extrovertiert
- □ exzentrisch

F

- □ fanatisch
- □ fantasievoll
- □ fatalistisch
- □ feindselig
- □ feinfühlig
- □ flexibel
- □ fokussiert
- □ fordernd
- □ förmlich
- □ forsch
- □ frech
- □ freundlich
- □ friedfertig
- □ fröhlich
- □ frustriert
- □ fürsorglich
- □ furchtlos

G

- □ gedankenvoll
- □ geduldig
- □ geerdet
- □ gefühlvoll
- □ geistreich
- □ gelassen
- □ genau
- □ gewissenhaft
- □ gleichgültig
- □ gnadenlos
- □ großzügig
- □ gutmütig

H

- □ harmoniebedürftig
- □ harsch
- □ hart
- □ hartnäckig
- □ hemmungslos
- □ herzlich
- □ hilfsbereit
- □ hitzköpfig
- □ hoffnungslos
- □ hoffnungsvoll
- □ höflich
- □ humorvoll

I

- □ idealistisch
- □ impulsiv
- □ indifferent
- □ individualistisch
- □ initiativ
- □ inkonsequent
- □ innovativ
- □ inspirierend
- □ instinktiv
- □ integer
- □ intellektuell
- □ interessiert
- □ intolerant
- □ introvertiert
- □ intuitiv
- □ ironisch
- □ irrational

K

- □ kämpferisch
- □ kampflustig
- □ kalkulierend
- □ klar
- □ kleinlich
- □ kommunikativ
- □ kompetitiv
- □ kompromissbereit
- □ kompromisslos
- □ konfliktfähig
- □ konfliktfreudig
- □ konfliktscheu
- □ konformistisch
- □ konsequent
- □ konsistent
- □ konstruktiv
- □ kontaktfreudig
- □ kontrolliert
- □ konventionell
- □ konzentriert
- □ kooperativ
- □ kopflastig
- □ korrekt
- □ kraftvoll
- □ kreativ
- □ kritisch
- □ kritikfähig
- □ kritikunfähig
- □ kühl
- □ künstlerisch
- □ kulant

L

- □ launisch
- □ laut
- □ lebendig
- □ lebensfroh
- □ leichtfertig
- □ leidenschaftlich
- □ leidensfähig
- □ leistungsorientiert
- □ lernwillig
- □ liberal
- □ liebevoll
- □ lieblich
- □ lösungsorientiert
- □ loyal
- □ lustvoll

M

- □ meinungsstark
- □ melancholisch
- □ menschenfreundlich
- □ menschlich
- □ methodisch
- □ militant
- □ misstrauisch
- □ mitdenkend
- □ mitfühlend
- □ moralisch
- □ motivierend
- □ motiviert
- □ mutlos
- □ mutig

N

- □ nachdenklich
- □ nachgiebig
- □ nachsichtig
- □ nachtragend
- □ naiv
- □ neugierig
- □ nonchalant
- □ nostalgisch
- □ nüchtern

O

- □ offen
- □ offensiv
- □ optimistisch
- □ ordentlich
- □ organisiert
- □ orientierungslos
- □ originell

P

- □ partner*innen-schaftlich
- □ passiv
- □ paternalistisch
- □ perfektionistisch
- □ pessimistisch
- □ pflichtbewusst

- [ ] polarisierend
- [ ] politisch
- [ ] positiv
- [ ] präzise
- [ ] pragmatisch
- [ ] praktisch
- [ ] prinzipientreu
- [ ] proaktiv
- [ ] problembewusst
- [ ] produktiv
- [ ] progressiv
- [ ] protektiv
- [ ] provokant

Q

- [ ] querulantisch

R

- [ ] rabiat
- [ ] radikal
- [ ] rastlos
- [ ] reaktionsschnell
- [ ] realistisch
- [ ] rebellisch
- [ ] rechthaberisch
- [ ] redegewandt
- [ ] reflektiert
- [ ] reserviert
- [ ] resigniert
- [ ] resilient
- [ ] resolut
- [ ] respektlos
- [ ] respektvoll
- [ ] risikofreudig
- [ ] risikoscheu
- [ ] rücksichtslos
- [ ] rücksichtsvoll
- [ ] ruhelos
- [ ] ruhig

S

- [ ] sachlich
- [ ] schlagfertig
- [ ] schonungslos
- [ ] selbstbestimmt
- [ ] selbstbewusst
- [ ] selbstkritisch
- [ ] selbstlos
- [ ] selbstreflektierend
- [ ] selbstsicher
- [ ] selbstständig
- [ ] selbstzweifelnd
- [ ] sensibel
- [ ] sicherheitsbedürftig
- [ ] skeptisch
- [ ] solidarisch
- [ ] sorgfältig
- [ ] sozial
- [ ] spitzfindig
- [ ] sprunghaft
- [ ] standhaft
- [ ] stark
- [ ] starr
- [ ] still
- [ ] stoisch
- [ ] strategisch
- [ ] streng
- [ ] stressresistent
- [ ] strikt
- [ ] strukturiert
- [ ] stur
- [ ] sympathisch
- [ ] systematisch

T

- [ ] taktisch
- [ ] taktlos
- [ ] taktvoll
- [ ] tatkräftig
- [ ] teamfähig
- [ ] temperamentvoll
- [ ] tiefgründig
- [ ] tolerant
- [ ] transparent
- [ ] treu
- [ ] trocken
- [ ] trotzig

U

- ☐ übermotiviert
- ☐ umgänglich
- ☐ umsichtig
- ☐ unabhängig
- ☐ unangepasst
- ☐ unbedarft
- ☐ unbeherrscht
- ☐ unbeirrbar
- ☐ unbelehrbar
- ☐ unbequem
- ☐ unbeständig
- ☐ unbestechlich
- ☐ unentschlossen
- ☐ unerbittlich
- ☐ unerschrocken
- ☐ unerschütterlich
- ☐ ungezügelt
- ☐ ungezwungen
- ☐ unkompliziert
- ☐ unkonventionell
- ☐ unnachgiebig
- ☐ unparteiisch
- ☐ unrealistisch
- ☐ unreflektiert
- ☐ unruhig
- ☐ unsachlich
- ☐ unscheinbar
- ☐ unschlüssig
- ☐ unsicher
- ☐ unterstützend
- ☐ unverbindlich
- ☐ unvoreingenommen
- ☐ unzufrieden

V

- ☐ verantwortungs-bewusst
- ☐ verantwortungslos
- ☐ verbindlich
- ☐ verbissen
- ☐ verkopft
- ☐ verletzend
- ☐ verletzlich
- ☐ vermittelnd
- ☐ vernünftig
- ☐ verplant
- ☐ verschlossen
- ☐ verschwiegen
- ☐ versöhnlich
- ☐ verständnislos
- ☐ verständnisvoll
- ☐ verträglich
- ☐ visionär
- ☐ vorausschauend
- ☐ voreingenommen
- ☐ vorlaut
- ☐ vorschnell
- ☐ vorsichtig

W

- ☐ wachsam
- ☐ werteorientiert
- ☐ willensschwach
- ☐ willensstark
- ☐ wissbegierig
- ☐ wohlwollend
- ☐ wortkarg

Z

- ☐ zaghaft
- ☐ ziellos
- ☐ zielorientiert
- ☐ zielstrebig
- ☐ zögerlich
- ☐ zugewandt
- ☐ zurückhaltend
- ☐ zuverlässig
- ☐ zuversichtlich
- ☐ zuvorkommend
- ☐ zwanghaft
- ☐ zweifelnd
- ☐ zwiegespalten

Fehlt noch etwas? Wenn dir auf dieser Liste Eigenschaften fehlen, mit denen du dich beschreiben würdest, ergänze sie.

- [ ]
- [ ]
- [ ]
- [ ]
- [ ]
- [ ]
- [ ]
- [ ]

Reflexion: Deine Eigenschaften und Aufrechterhaltung und Abbau von Rassismus

Nun geht es darum zu überlegen, welche Bedeutung deine Eigenschaften im Zusammenhang mit deiner Kritik an rassistischen Strukturen haben können. Denn wie schon beschrieben wirken sich deine Charakterzüge darauf aus, wie du gegen Rassismus eintrittst, wann du das tust und in welchen Kontexten du das nicht tust. Konkret bedeutet das, dass wir mit unserem Verhalten Rassismus aufrechterhalten oder zu dessen Abbau beitragen können – und zwar ohne dass uns das immer bewusst ist.

Mit dieser Übung kannst du ein besseres Bewusstsein dafür bekommen, welche Potenziale deine Eigenschaften im Eintreten gegen Rassismus haben. Schau dir dazu die Merkmale an, mit denen du dich identifizierst. Überleg dir, in welchen Situationen und wie der jeweilige Charakterzug sich bei dir äußert. Dann überleg dir, wie die jeweilige Eigenschaft zum Abbau oder zur Aufrechterhaltung von Rassismus beitragen könnte.

Beispiel-Eigenschaft einer Person of Color

Eine Person of Color nimmt sich als geduldig wahr: Ich bin eine geduldige Person. Ich finde, dass alltägliche Situationen schöner sind, wenn Menschen geduldiger miteinander umgehen. Allerdings kann ich so geduldig sein, dass ich *weißen* Menschen sehr viel Zeit für ihr Lernen über Rassismus zugestehe, sodass mein eigenes Bedürfnis, nämlich dass sie mir gegenüber weniger rassistisch handeln, in den Hintergrund gerät. Meine Geduld ist hilfreich für Bündnisse mit anderen Menschen, die Rassismus erfahren und die gerade erst beginnen sich damit auseinanderzusetzten. Als Schwarze Person wird mir zugeschrieben »temperamentvoll« zu sein. Mein geduldiger Umgang mit anderen ist eine Strategie, den rassistischen Zuschreibungen nicht zu entsprechen.

Beispiel-Eigenschaft einer *weißen* Person

Eine *weiße* Person handelt gern regelkonform: Mir ist es wichtig Regeln und Richtlinien zu kennen und mich an diese zu halten. Mir ist das Einhalten von Regeln manchmal so wichtig, dass ich außer Acht lasse, dass Regeln oftmals dazu beitragen, dass Menschen rassistische Ausgrenzung erfahren. Aber: Wenn ich Regeln gut kenne, kann ich wissen, wo Schlupflöcher sind und kann diese nutzen, um BIPoC Zugänge zu verschaffen. Als *weiße* Person ist es mein Privileg, dass ich ignorieren kann, dass Regeln, die mir alltäglich erscheinen, rassistische Benachteiligung zur Folge haben.

1. Eigenschaft:

Wie und wann äußert sich diese Eigenschaft bei dir?

Welche Bedeutung könnte die Eigenschaft für die Aufrechterhaltung oder den Abbau von Rassismus haben?

Aufrechterhaltung:

Abbau:

Welche Rolle spielt deine soziale Position im Kontext von Rassismus in diesem Zusammenhang?

2. Eigenschaft:

Wie und wann äußert sich diese Eigenschaft bei dir?

Welche Bedeutung könnte die Eigenschaft für die Aufrechterhaltung oder den Abbau von Rassismus haben?

Aufrechterhaltung:

Abbau:

Welche Rolle spielt deine soziale Position im Kontext von Rassismus in diesem Zusammenhang?

3. Eigenschaft:

Wie und wann äußert sich diese Eigenschaft bei dir?

Welche Bedeutung könnte die Eigenschaft für die Aufrechterhaltung oder den Abbau von Rassismus haben?

Aufrechterhaltung:

Abbau:

Welche Rolle spielt deine soziale Position im Kontext von Rassismus in diesem Zusammenhang?

4. Eigenschaft:

Wie und wann äußert sich diese Eigenschaft bei dir?

Welche Bedeutung könnte die Eigenschaft für die Aufrecht-erhaltung oder den Abbau von Rassismus haben?

Aufrechterhaltung:

Abbau:

Welche Rolle spielt deine soziale Position im Kontext von Rassismus in diesem Zusammenhang?

5. Eigenschaft:

Wie und wann äußert sich diese Eigenschaft bei dir?

Welche Bedeutung könnte die Eigenschaft für die Aufrechterhaltung oder den Abbau von Rassismus haben?

Aufrechterhaltung:

Abbau:

Welche Rolle spielt deine soziale Position im Kontext von Rassismus in diesem Zusammenhang?

6. Eigenschaft:

Wie und wann äußert sich diese Eigenschaft bei dir?

Welche Bedeutung könnte die Eigenschaft für die Aufrechterhaltung oder den Abbau von Rassismus haben?

Aufrechterhaltung:

Abbau:

Welche Rolle spielt deine soziale Position im Kontext von Rassismus in diesem Zusammenhang?

7. Eigenschaft:

Wie und wann äußert sich diese Eigenschaft bei dir?

Welche Bedeutung könnte die Eigenschaft für die Aufrechterhaltung oder den Abbau von Rassismus haben?

Aufrechterhaltung:

Abbau:

Welche Rolle spielt deine soziale Position im Kontext von Rassismus in diesem Zusammenhang?

Reflexion: Deine Eigenschaften und wie du sie absichtsvoll nutzt

Wirf einen weiteren Blick auf die Eigenschaften, mit denen du dich identifizieren kannst. Nimm dir etwas Zeit und überlege, welche der Eigenschaften du bisher am ehesten genutzt hast, um gegen Rassismus einzutreten, und mit welchen du eher dazu neigst, rassistische Verhältnisse zu stabilisieren. Notiere dabei auch, wie sie sich im Zusammenhang mit Rassismus konkret bei dir äußern.

Für BIPoC

Eigenschaften, die du zum Abbau von Rassismus nutzt:

Eigenschaft	Wie äußert sich diese Eigenschaft im Kontext von Rassismus bei dir?	Was könnte dir helfen diese Eigenschaft bewusster zu nutzen?
→		
→		
→		

→

→

→

Beispiel freundlich

Ich habe irgendwann bemerkt, dass Menschen mich in meiner Arbeit oft als freundlich erleben. Ich nutze diese Eigenschaft inzwischen absichtsvoll, denn ich bin oft in Situationen, in denen ich etwa auf *weiße* Abwehr stoße. Wenn ich dann in aller Klarheit eine Grenze ziehe, nehmen viele schon eine leichte Veränderung meiner Stimmlage wahr. Durch mein grundsätzlich freundliches Auftreten wird die »Falltiefe« höher und ich muss meist nicht viel tun, um mich abzugrenzen.

Für BIPoC

Eigenschaften, mit denen du dazu neigst Rassismus zu stabilisieren:

Eigenschaft	Wie äußert sich diese Eigenschaft im Kontext von Rassismus bei dir?	Wie kannst du in diesem Kontext achtsam mit dir und deinen Kapazitäten umgehen?
→		
→		
→		

→

→

→

Beispiel stressresistent

Ich bin eine stressresistente Person und verfüge über ziemlich viel Durchhaltevermögen. Manchmal bemerke ich nicht, wenn ich, etwa im Rahmen meiner Arbeit oder wenn ich aktivistisch tätig bin, über meine eigenen Grenzen hinweg gearbeitet habe. Rassismuskritik sollte für Menschen, die Rassismus erleben, nicht in einem Burnout enden. Sich Ruhe und Erholung zu gönnen und Dinge zu tun, die sich gut anfühlen, ist für Menschen, die Rassismus erfahren, eine wichtige Art von Widerstand. Ich möchte besser darin werden, mir selbst Pausen zuzugestehen.

Für *weiße* Menschen

Eigenschaften, die du zum Abbau von Rassismus nutzt:

Eigenschaft	Wie äußert sich diese Eigenschaft im Kontext von Rassismus bei dir?	Was könnte dir helfen diese Eigenschaft bewusster zu nutzen?
→		
→		

→

→

→

Beispiel
diskussionsfreudig

Ich kenne einige *weiße* Menschen, die gerade zu Beginn ihrer Beschäftigung mit Rassismus sehr diskussionsfreudig sind. Das kann grundsätzlich hilfreich sein, allerdings ist eine Diskussion nicht mit allen Menschen gleichermaßen zielführend. Das zu erkennen kann wichtig sein, um wahrzunehmen, dass eine Diskussion – auch mit einer Person, die sich komplett verwehrt – trotzdem einen Zweck haben kann: Sie dient der Übung. Denn in diesen Situationen können wir lernen, wie etwa gängiges Abwehrverhalten anderer *weißer* Menschen aussieht. Hier kann es entsprechend unterstützend sein, die eigenen Ziele zu reflektieren und zu überprüfen, ob diese realistisch sind.

Für *weiße* Menschen

Eigenschaften, mit denen du dazu neigst Rassismus zu stabilisieren:

Eigenschaft	Wie äußert sich diese Eigenschaft im Kontext von Rassismus bei dir?	Wie kannst du in diesem Kontext versuchen, dein Verhalten hin zum Abbau von Rassismus zu lenken?
→		
→		
→		

→

→

→

Beispiel beständig

Beständigkeit ist – auf besondere Weise für *weiße* Menschen – eine Herausforderung im Hinblick auf Rassismuskritik. Schließlich ist es ein *weißes* Privileg, sich nicht mit Rassismus befassen zu müssen. Mir wurde schon oft von *weißen* Menschen berichtet, dass sie sich aus unterschiedlichen Gründen auf dieses Privileg zurückfallen lassen. Um beständiger dabei zu bleiben, kann es hilfreich sein zu überlegen, wie die Auseinandersetzung mit Rassismus und der eigenen Eingebundenheit darin stärker in den Alltag integriert werden kann.

Abschlussreflexion

Was hat sich durch die Übung in dir verändert?

Welche neuen Möglichkeiten nimmst du für dich wahr?

Welche offenen Fragen hast du und wie kannst du sie dir beantworten?

Weitere Gedanken, die du notieren möchtest:

Übertrage die wichtigsten Ergebnisse auf deinen Spickzettel auf S. 174.

Notizen

Datum

Ort

4 Rassismuskritik: Deine Emotionen

Du kennst den Ausspruch vielleicht: »Diskussionen über Rassismus sind immer so emotional!«. Ich höre ihn oft und ich habe auch schon viele Diskussionen zu Rassismus erlebt, bei denen ich mich irgendwann fragte, ob es tatsächlich um das Thema oder vielleicht doch eher um die Verteidigung des Selbstbilds meines Gegenübers geht. Wenn ich diese Frage beantworten müsste, würde ich sagen: »beides«. Denn tatsächlich beeinflusst unsere soziale Position im Kontext von Rassismus unser Selbstbild, unsere Vorstellungen von der Welt und unser Verhalten. Sie wirkt sich – und darum geht es in diesem Teil – auch auf unser emotionales Erleben aus.

Um besser zu verstehen, wie unsere Emotionen und Rassismus zusammenhängen, ist es hilfreich, einen Blick auf die Sozialpsychologie zu werfen: Seit den 1980er Jahren hat sich in der Sozialpsychologie der Forschungsbereich »Racial Identity Development«[1] etabliert. Dieser Forschungsbereich befasst sich mit dem Einfluss von Rassismus auf die Entwicklung unserer Identität. Dabei wurden unterschiedliche Phasenmodelle entwickelt, die gängige Muster von *weißen* Menschen und BIPoC nachzeichnen und veranschaulichen, dass unser Erleben in einer rassistischen Gesellschaft kollektiv ist. Konkret bedeutet das, dass etwa BIPoC – auch wenn sie unterschiedliche Formen von

1 **Übersetzung** »Rassismus und Identitätsentwicklung«

Rassismus erfahren – ähnliche Erfahrungen wie andere BIPoC machen können. Das kann sich zum Beispiel darin äußern, dass BIPoC, bevor sie sich absichtsvoll mit strukturellem Rassismus befassen, versuchen sich an *weiße* Menschen anzupassen. Auch *weiße* Menschen machen in unserer Gesellschaft, eben weil sie im Zusammenhang mit Rassismus privilegiert sind, ähnliche Erfahrungen wie andere *weiße* Menschen. Für *weiße* Menschen etwa kann das beinhalten, dass es für sie zu Beginn ungewohnt ist, sich mit Rassismus sowie den eigenen Privilegien zu befassen und dass sie sich deshalb verunsichert fühlen.

Was ich an diesem Forschungsbereich besonders spannend finde, ist, dass die Modelle des »Racial Identity Development« aufzeigen, wie sehr auch unsere Emotionen von den rassistischen Verhältnissen in unserer Gesellschaft geprägt sind: Unsere Gefühle und wie und wann wir sie äußern hängen auch mit unserer sozialen Position im Kontext von Rassismus zusammen.

Anmerkung Nicht nur Rassismus ist für unsere Identitätsentwicklung von Bedeutung, auch für andere Formen von Unterdrückung trifft das zu. Sprich, die Modelle, die gleich folgen, könnten wir auch für andere Diskriminierungsformen ausformulieren. Das heißt, dass wir uns also nie nur als Personen verhalten, die Rassismus erfahren oder die durch Rassismus privilegiert werden. Mit Blick auf mich könnte das zum Beispiel bedeuten, dass ich mich gleichzeitig auch als weiblich sozialisierte Person verhalte. In diesem Fall, also wenn zwei Formen von Diskriminierung sich überschneiden und damit eine bestimmte Ausgrenzungserfahrung erzeugen, sprechen wir von Intersektionalität.

Bevor wir nun einen Blick auf die Modelle werfen – es gibt jeweils eins für Menschen mit Rassismuserfahrung und eins für *weiße* Menschen –, möchte ich kurz festhalten, dass die Modelle grundsätzlich nicht linear gedacht sind. Sprich, wir beginnen als Menschen nicht in der ersten Phase und enden alle im letzten Stadium. Vielmehr zeichnen sich die Phasen dadurch aus, dass wir uns dann zwischen den unterschiedlichen Stadien bewegen, wenn wir uns absichtsvoll mit Rassismus beschäftigen. Denn die verschiedenen Stadien unterscheiden sich besonders dadurch, dass die eigene Beschäftigung mit Rassismus ein immer aktiver werdender Prozess ist. Zudem ist die Verortung in den Phasen situationsabhängig: Sprich, in unterschiedlichen Kontexten und mit unterschiedlichen Menschen können wir uns jeweils in verschiedenen Stadien befinden. Letzteres kennst du sicherlich von dir selbst: In einem Gespräch mit einer dir nahestehenden Person, die sich mit Rassismus befasst, verhältst du dich anders als in einem Gespräch mit dem Kollegen, der ständig rassistische Dinge sagt und den »übertriebene politische Korrektheit« stört. Außerdem können wir in einer Situation Aspekte aus mehreren Phasen gleichzeitig an uns wahrnehmen. Sprich, manchmal sind es auch einzelne Anteile einer – oder mehrerer – Phasen, die wir an uns erkennen. Und wir können, beispielsweise in einem Konflikt, auf die erste Phase zurückfallen. Konkret bedeutet das, dass wir etwa in einem Streit die unterschiedlichen Phasen emotional nochmal durchlaufen. Außerdem ist es möglich, dass wir die verschiedenen Stadien – vor allem wenn wir sie bereits mehrfach durchlaufen haben und sie kennen – je nach Situation anders erleben.

Zu verstehen, dass wir uns flexibel und abhängig von einer Situation durch die verschiedenen Stadien der Modelle bewegen, kann uns darin unterstützen anzuerkennen, dass eine einfache Einteilung in »rassistisch« und »rassismusfrei« nicht funktioniert. Denn wir bleiben – selbst wenn wir uns heute in eine der letzten Phasen einstufen würden – in Bewegung zwischen den Stadien mit ihren Emotionen und den damit verbundenen Verhaltensweisen. Wir verhalten uns entsprechend nie unabhängig von Rassismus. Im besten Fall aber treten wir absichtsvoll gegen ihn ein.

Anmerkung Besonders *weiße* Menschen wehren sich dagegen, sich in den einzelnen Phasen des Modells wiederzufinden. Ich werte das als eine Form der Abwehr, die auch darin begründet liegt, dass es ein Privileg *weißer* Menschen ist, sich und ihre Erfahrungen in der Gesellschaft als individuell und unabhängig von ihrem *Weiß*-Sein zu betrachten. Dabei ist es wichtig wahrzunehmen, dass Rassismus zur Folge hat, dass viele unserer Erfahrungen nicht individuell sind. Schließlich können wir Rassismus nur bekämpfen, wenn wir verstehen, dass er privilegierte und benachteiligte Gruppen in der Gesellschaft schafft. Zudem wirken sich unsere kollektiven Erlebnisse darauf aus, wie wir die gesellschaftlichen Verhältnisse und damit Rassismus wahrnehmen und gegen ihn eintreten können. Eine *weiße* Teilnehmerin in einem Workshop gab mir kürzlich die Rückmeldung, dass das Modell ihr half von ihrem »Missionierungstrip« Abstand zu nehmen und zu erkennen, welche eigenen »Baustellen« sie hat – anstatt sich ausschließlich auf das »falsche« Verhalten anderer *weißer* Menschen zu fokussieren. Zudem kann das Modell dafür sensibilisieren, dass jede Person ihr eigenes Tempo in der Beschäftigung mit Rassismus hat und dass manche Menschen sich gar nicht damit auseinandersetzen wollen.

Racial Identity Development Model

von Beverly Tatum, entnommen aus: »Talking About Race, Learning About Racism. The Application of Racial Identity Development Theory in the Classroom«.[2,3]

Fünf Stufen (BIPoC)[4]

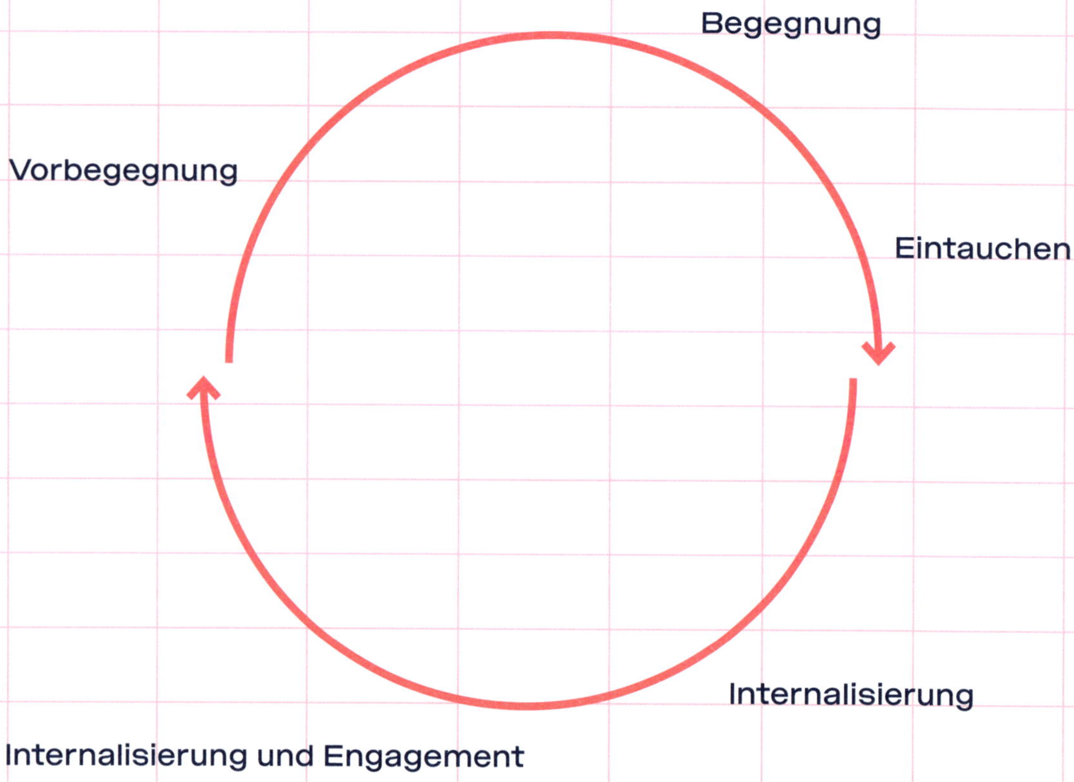

Vorbegegnung
Eine Person in diesem Stadium versucht, sich anzupassen und von *Weißen* akzeptiert zu werden. Sie distanziert sich aktiv oder passiv von anderen Personen der eigenen durch Rassismus geschaffenen Gruppe. Diese Nichtanerkennung der Zugehörigkeit zu einer Gruppe kann Einzelnen den Eindruck vermitteln, dass Rassismus kein relevanter Faktor für die eigene Leistung ist oder sein wird.

Begegnung
Der Übergang in die Begegnungsphase wird meist durch ein Ereignis oder eine Reihe von Ereignissen ausgelöst, welche eine Person in dieser Phase dazu zwingen, die Auswirkungen von Rassismus auf das eigene Leben anzuerkennen. Angesichts der Tatsache, dass die Person niemals wirklich *weiß* sein kann, ist sie gezwungen, sich auf die eigene Identität zu fokussieren und sich als Mitglied einer von Rassismus betroffenen Gruppe zu verstehen.

Eintauchen
Dieses Stadium ist durch den Wunsch geprägt, sich mit sichtbaren Symbolen der eigenen Identität zu umgeben und gleichzeitig Symbole des *Weiß*-Seins zu vermeiden. Personen in dieser Phase suchen aktiv nach Möglichkeiten, um Aspekte ihrer eigenen Geschichte und Kultur mit der Unterstützung von Gleichaltrigen, die ähnliche Erfahrungen gemacht haben, zu erkunden.

Internalisierung
In diesem Stadium, in dem eine Person sich der eigenen, durch Rassismus geschaffenen Identität sicher ist, verspürt sie weniger das Bedürfnis, sich etwa als »schwärzer als du« zu positionieren oder ähnliche Einstellungen zu behaupten, die für das vorherige Stadium gängig sind. Die positive Einstellung der eigenen Gruppe gegenüber wird expansiver, offener und weniger defensiv. Eine Person, die diese Haltung verinnerlicht hat, ist bereit, bedeutungsvolle Beziehungen zu *Weißen* aufzubauen, die die Selbstdefinition dieser Person anerkennen und respektieren. Eine Person in diesem Stadium ist auch bereit, Bündnisse mit Mitgliedern anderer unterdrückter Gruppen zu bilden.

Internalisierung und Engagement
Personen in dieser letzten Phase haben Wege für sich gefunden, ihr persönliches Verständnis und ihre Positionierung hinsichtlich Rassismus in einen Aktionsplan oder ein allgemeines Engagement für die eigene, durch Rassismus geschaffene Gruppe zu übertragen. Dieses Aktiv-Sein wird über die Zeit aufrechterhalten. So wird die eigene Gruppe zum Ausgangspunkt, um Ideen, Kulturen und Erfahrungen zu erkunden, die außerhalb der eigenen Gruppe ihren Ursprung haben, anstatt den Fokus lediglich nach innen zu richten.

Sechs Stufen (*Weiße*)

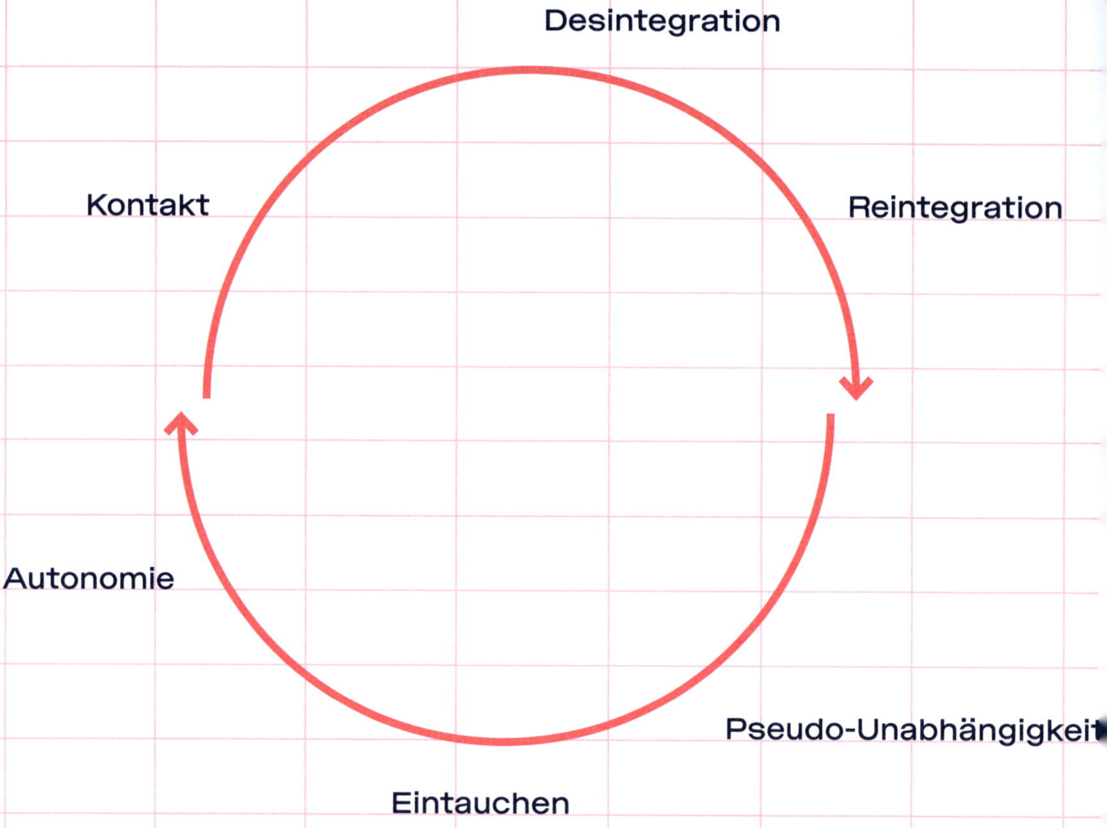

Kontakt
Diese Phase ist durch einen Mangel an Bewusstsein für kulturellen und institutionellen Rassismus sowie für das eigene *weiße* Privileg geprägt. Sie geht außerdem oft mit einer naiven Neugier oder einer Angst gegenüber People of Color einher, die basierend auf Stereotypen von Freund*innen, der Familie oder den Medien gelernt wurden. Personen, deren Leben so strukturiert ist, dass sie kaum Kontakt mit PoC haben und deren Bewusstsein für Rassismus eingeschränkt ist, können auf unbestimmte Zeit in dieser Phase verbleiben.

Desintegration
Mehr Interaktion mit People of Color oder neue Informationen über Rassismus können zu einem neuen Verständnis führen, das den Anfang dieser Phase markiert. Als Resultat werden die glückselige Unwissenheit oder der Mangel an Bewusstsein von negativen Emotionen wie Schuld, Scham und gelegentlich Wut abgelöst. Diese Gefühle rühren daher, dass das eigene *weiße* Privileg erkannt wird und die Rolle *weißer* Menschen bei der Aufrechterhaltung eines rassistischen Systems ins Bewusstsein gerückt ist. Taktiken, um dieses Unbehagen zu reduzieren, umfassen das Leugnen der neuen Informationen über Rassismus oder auch Versuche, die Einstellung nahestehender Menschen im eigenen Leben gegenüber People of Color zu ändern. Der gesellschaftliche Druck, den Rassismus als »normal« zu akzeptieren, kann das Individuum von der Desintegration zur Phase der Reintegration führen.

Reintegration
An diesem Punkt kann der Wunsch, von anderen *weißen* Menschen akzeptiert zu werden, zu einer Umgestaltung des eigenen Glaubenssystems führen. Weil die offene oder verdeckte Überzeugung, dass *Weiße* anderen Menschen überlegen sind, in der eigenen Gruppe so weit verbreitet ist, beginnt die Person schließlich, Rassismus zu akzeptieren. Gefühle der Schuld und der Angst können in Form von Furcht und Wut auf Menschen umgeleitet werden, die Rassismus erfahren. Diese werden damit als Quelle der eigenen negativen Gefühle betrachtet. Es ist für *Weiße* leicht, in diesem Stadium stecken zu bleiben, besonders wenn es ihnen möglich ist, People of Color zu meiden.

Pseudo-Unabhängigkeit
Die Informationssuche über People of Color markiert oft den Beginn dieser Phase. Eine Person in dieser Phase gibt den Glauben an die Überlegenheit *weißer* Menschen auf. Das schließt jedoch nicht aus, dass sie durch ihr Handeln Rassismus weiterhin unbeabsichtigt aufrechterhält. Für ein besseres Verständnis orientiert sie sich an rassismuserfahrenen Menschen und versucht oft, ihr eigenes *Weiß*-Sein durch ein aktives Zusammenschließen mit diesen zu verleugnen. Eine Person in diesem Stadium erfährt ein Gefühl der Entfremdung von anderen *Weißen*, die noch nicht begonnen haben, ihren eigenen Rassismus zu hinterfragen. Personen in dieser Phase können aber auch Ablehnung von PoC erfahren, die ihren Motiven gegenüber misstrauisch sind. People of Color, die in ihrer eigenen Identitätsentwicklung gerade von der Phase »Begegnung« zu »Eintauchen« übergehen, sind möglicherweise besonders unempfänglich für die Versuche einer *weißen* Person, sich mit ihnen in Verbindung zu setzen.

Eintauchen
In diesem Stadium fühlt sich eine *weiße* Person zwar unwohl mit dem eigenen *Weiß*-Sein, kann sich diesem jedoch nicht entziehen und sucht daher an diesem Punkt möglicherweise nach einer neuen, angenehmeren Art, sich als *weißer* Mensch zu verhalten. Sich über *weiße* Menschen zu informieren, die sich mit People of Color verbündet haben, ist ein wichtiger Schritt in diesem Prozess. Denn für *Weiße* ist es hilfreich zu wissen, dass andere *weiße* Menschen ähnliche Gefühle erlebt und Wege gefunden haben, dem Rassismus in ihrem Umfeld Widerstand zu leisten. Personen in dieser Phase erhalten auf diese Weise Zugang zu wichtigen Modellen für Veränderung.

Autonomie
Diese Phase ist geprägt durch die Verinnerlichung eines neu definierten Empfindens darüber, was es bedeutet, *weiß* zu sein. Die positiven Gefühle, die mit dieser Neudefinition verbunden sind, unterstützen die Bemühungen *weißer* Menschen in diesem Stadium, sich Rassismus im täglichen Leben entgegenzustellen. Bündnisse mit People of Color können in dieser Phase leichter geschmiedet werden, weil Personen ihre antirassistischen Verhaltensweisen und Einstellungen konsequenter zum Ausdruck bringen können.

2 **Literaturangabe** Beverly Daniel Tatum: »Talking about Race, Learning about Racism. The Application of Racial Identity Development Theory in the Classroom«, in: Harvard Educational Review, 62:1, 1992, S. 1–25.

3 **Übersetzung** Michaela Dudley und Josephine Apraku, entnommen und leicht verändert aus Josephine Apraku: »Kluft und Liebe. Warum soziale Ungleichheit uns in Beziehungen trennt und wie wir zueinanderfinden«, Eden Books, Berlin 2022.

4 **Anmerkung** Ich habe die Erfahrung gemacht, dass Menschen, die als *weiß* wahrgenommen werden und etwa Antisemitismus oder Antislawismus erfahren, sich manchmal in beiden Modellen wiederfinden – in dem für BIPoC und dem für *weiße* Menschen. Das ist okay, Rassismus ist komplex und unsere soziale Position im Kontext von Rassismus ist es auch.

Reflexion: Muster erkennen

Lies dir das Modell durch, das deine soziale Position im Kontext von Rassismus widerspiegelt. Nimm dir einen Moment Zeit und beantworte die dazugehörigen Fragen.

Welche der Phasen kennst du von dir selbst?

Anmerkung Das Racial-Identity-Development-Modell findest du auf S. 78–82 und im Umschlag zum Ausklappen. Außerdem zum Download hinter dem QR-Code auf S. 184.

Wo würdest du dich aktuell an einem guten Tag einordnen?

Wenn du dich selbst in die letzte Phase einstufst, welche Kompetenzen haben dir dabei geholfen?

Was könnten Gegenstrategien für die gängigen Verhaltensweisen der ersten drei Phasen (für BIPoC) beziehungsweise der ersten vier Phasen (bei *weißen* Menschen) sein?

Welche Emotionen verbindest du mit welchem Stadium?

Was könnte dir dabei helfen, deine Emotionen im Hinblick auf die ersten drei Phasen (für BIPoC) beziehungsweise die ersten vier Phasen (bei *weißen* Menschen) selbst zu regulieren?

In einer Konfliktsituation: Was könnte dir helfen, die einzelnen Phasen schneller zu durchlaufen?

Reflexion: Deine Emotionen und Rassismus

Wenn wir uns nicht absichtsvoll damit beschäftigen, wie sich unser Verhalten über die Zeit verändert, bemerken wir die Veränderung oft gar nicht. Dabei kann es hilfreich sein, wahrzunehmen, dass uns bestimmte Dinge besser gelingen und wir mehr Handlungssicherheit verspüren. Lass uns noch einmal die unterschiedlichen Stadien der Racial-Identity-Development-Modelle durchgehen und reflektieren, wie sich dein Verhalten verändert hat: Überlege dir für jede Phase, wie du sie in der Vergangenheit erlebt hast, wie sie sich heute für dich anfühlt und auch, wie du mit den Gefühlen und Verhaltensweisen, die sie begleiten, in der Zukunft umgehen könntest. Wichtig ist hier also nicht allein dein Erleben, sondern auch, welche Motivation oder Ziele du aus der Reflexion über deine Emotionen ziehen kannst. Dazu kannst du dir eine konkrete Situation vorstellen, die du mehrfach erlebt hast und anhand dieser überlegen, ob und wie du die verschiedenen Phasen durchläufst. Allerdings muss es keine konkrete Situation sein, mithilfe der du überlegst, wie du die Phasen erlebt hast – du kannst das auch frei machen und einfach versuchen, dich zu erinnern.

Geh die einzelnen Phasen durch und halte jeweils für Vergangenheit, Gegenwart und Zukunft fest, wie dein Verhalten in der jeweiligen Phase aussah oder aussehen könnte.

Anmerkung Das Racial-Identity-Development-Modell findest du auf S. 78–82 und im Umschlag zum Ausklappen. Außerdem zum Download hinter dem QR-Code auf S. 184.

Beispiel für BIPoC

Zu Beginn meiner aktiven Beschäftigung mit Rassismus – ich würde sagen ich war zu dieser Zeit in der Phase »Begegnung« – konnte ich zunehmend wahrnehmen, dass andere Schwarze Menschen teils ähnliche Erfahrungen machen wie ich. Ich wusste auch, dass Rassismus ein gemeinsamer Nenner in unserem Erleben war. Dennoch habe ich es zu dieser Zeit oft als »übertrieben« empfunden, wenn *weiße* Personen, deren Handeln nicht absichtlich rassistisch war, auf ihr rassistisches Verhalten hingewiesen wurden. Wenn ich mich heute in der Phase wiederfinde, dann ist das vor allem, weil mir oder einer anderen Person, die mir nahesteht, etwas Unerwartetes passiert ist. Mein Fokus ist heute also eher auf dem Aspekt der Zugehörigkeit zu einer Gruppe, die Rassismus erfährt. Denn inzwischen ist mir bewusst, dass Rassismus Teil der Gesellschaft ist.

Beispiel für *weiße* Menschen

Kannst du dich daran erinnern, wann du begonnen hast, dich aktiv mit Rassismus zu beschäftigen? Eine Freundin von mir – sie ist mir sehr wichtig, obwohl wir uns nur selten sehen können – hat mir kürzlich erzählt, dass sie sich an ein Gespräch zwischen uns vor einigen Jahren erinnert: Ich hatte damals von einer Veranstaltung berichtet, die sich ausschließlich an BIPoC richtete. Noch während ich erzählte, bemerkte sie an sich – so erzählt sie es heute – wie Wut in ihr aufkam. Als ich fertig erzählt hatte, erwiderte sie unvermittelt, dass Rassismus wohl kaum durch den »ebenso rassistischen Ausschluss« *weißer* Menschen bekämpft werden könne. Ich erklärte ihr damals, dass *weiße* Menschen keinen Rassismus erfahren, auch dann nicht, wenn sie aus Safer Spaces ausgeschlossen sind. Heute, nachdem sie sich seit einiger Zeit eigenständig mit Rassismus befasst, ist ihr diese Aussage unangenehm und sie muss über sich selbst lachen. Rückblickend und von außen betrachtet würde ich sagen, dass sie in der Phase »Desintegration« war. Noch immer verspürt sie ab und zu Scham, wenn sie bemerkt, dass es viele Dinge im Zusammenhang mit Rassismus gibt, die ihr entgehen.

Für BIPoC

Phase	Wie habe ich diese Phase mit ihren Emotionen und den damit verbundenen Verhaltensweisen **früher** erlebt?	Wie erlebe ich die Phase mit ihren Emotionen und den damit verbundenen Verhaltensweisen **heute**?	Was wünsche ich mir von mir selbst, wie ich mit der Phase und den damit verbundenen Emotionen und Verhaltensweisen in **Zukunft** umgehen kann?
Vorbegegnung			
Begegnung			
Eintauchen			

Internalisierung

Internalisierung
und Engagement

Anmerkung Beachte die Reflexionsfrage auf S. 94.

Für *weiße* Menschen

Phase	Wie habe ich diese Phase mit ihren Emotionen und den damit verbundenen Verhaltensweisen **früher** erlebt?	Wie erlebe ich die Phase mit ihren Emotionen und den damit verbundenen Verhaltensweisen **heute**?	Was wünsche ich mir von mir selbst, wie ich mit der Phase und den damit verbundenen Emotionen und Verhaltensweisen in **Zukunft** umgehen kann?
Kontakt			
Desintegration			
Reintegration			

Pseudo-Unabhängigkeit

Eintauchen

Autonomie

Anmerkung Beachte die Reflexionsfrage auf S. 94.

Reflexionsfrage

Was hat dazu beigetragen, dass dein Erleben der Stadien sich verändert hat? Wie würdest du dich in Zukunft fühlen, wenn du deine neuen Gewohnheiten pflegst und dich weiterhin aktiv mit strukturellem Rassismus beschäftigst?

Abschlussreflexion

Was hat sich durch die Übung in dir verändert?

Welche neuen Möglichkeiten nimmst du für dich wahr?

Welche offenen Fragen hast du und wie kannst du sie dir beantworten?

Weitere Gedanken, die du notieren möchtest:

Übertrage die wichtigsten Ergebnisse auf deinen Spickzettel auf S. 174.

Notizen

Datum

Ort

Notizen Datum Ort

Teil II:

und andere Menschen

Du

Teil II: Du und andere Menschen

In diesem Teil liegt der Fokus auf deinen Möglichkeitsräumen in der Auseinandersetzung mit Rassismus mit anderen Menschen. Ein wichtiger Aspekt bleibt allerdings gleich: Es geht nicht darum, das Verhalten anderer Menschen zu verändern oder zu kontrollieren. Alle Übungen in diesem Teil sollen dich dabei unterstützen, neue Handlungsspielräume für dich auszumachen.

1 individuell – institutionell – strukturell

Was der Begriff »strukturell« meint, habe ich schon früh begriffen: allumfassend, alles durchziehend. Dieses Verständnis hat allerdings lange Zeit nicht dazu beigetragen, dass ich das mit Blick auf Rassismus immer habe anwenden können. Klar, prinzipiell hatte ich verstanden, dass Rassismus Teil der Struktur unserer Gesellschaft ist. Sprich, dass Rassismus allumfassend ist. Aber mir fehlten die Puzzleteile – und das, obwohl ich sie selbst im Alltag erlebte –, um dieses Verständnis mit Inhalt zu füllen.

Zugegeben, weil Rassismus die gesamte Gesellschaft durchzieht, handelt es sich bei der Unterscheidung der gesellschaftlichen Ebenen in individuell, institutionell und strukturell eher um eine Art Modell. Doch dieses Modell kann uns dabei helfen zu verstehen, auf welche Arten Rassismus in der Gesellschaft wirkt. Es kann uns auch darin unterstützen zu reflektieren, auf welcher der Ebenen wir uns in einer Situation befinden und welche Möglichkeiten und Herausforderungen damit verbunden sein können. Im Grunde ist die Betrachtungsweise, die wir mit den drei Ebenen einnehmen, eine bei der wir uns vom Kleinen ins Große bewegen – von Einzelpersonen zu Organisationen und Institutionen bis hin zur gesamten Gesellschaft.

individuell

Diese Ebene umfasst das zwischenmenschliche Miteinander beziehungsweise die direkte und persönliche Interaktion. Hier kann es zum Beispiel um Denk- und Verhaltensweisen von Einzelpersonen gehen. Ebenso bedeutsam ist in diesem Zusammenhang, wie unsere durch Rassismus geschaffene Position Einfluss auf unser Selbst- und Weltbild nimmt.

institutionell

Auf dieser Ebene geht Rassismus nicht vorranging von Einzelpersonen aus, sondern wird durch Regeln und Maßnahmen, aber auch von Gesetzgebungen oder eingeschliffenen Routinen bestimmt. Dabei ist es wichtig zu verstehen, dass diese Regeln nicht zwingend schriftlich festgehalten sind. Racial Profiling etwa, also wenn zum Beispiel eine Person of Color unabhängig von einem Verdacht von der Polizei kontrolliert wird, ist per Gesetz verboten. Trotzdem ist es eine gängige und institutionalisierte Praxis der Polizei. Und weil diese eben nicht von einer Person ausgeht, sondern von vielen Personen innerhalb der Polizei getragen wird, handelt es sich hierbei um institutionellen Rassismus.

strukturell

Auf der strukturellen Ebene zeigen sich rassistische Strukturen etwa anhand der Zugänge, die eine Gruppe hat. So wirken hier das individuelle Handeln von Einzelpersonen und auch das institutionelle Vorgehen von Organisationen zusammen und kreieren damit Ausschlüsse. Daraus ergibt sich, dass BIPoC einen schlechteren Zugang zu Bildung, dem Arbeits- und Wohnungsmarkt, zur Gesundheitsversorgung, aber auch zu politischer Repräsentation und Teilhabe haben. Gleichzeitig ist die strukturelle Ebene die der geteilten Wissensbestände. Das bedeutet, dass viele der Vorstellungen, die wir haben, nicht unsere eigenen sind, sondern diese gesellschaftlich geprägt sind. Eine gängige rassistische Vorstellung ist etwa, dass nur *weiße* Menschen deutsch sein können. Daraus ergibt sich, dass Menschen, die Rassismus erfahren, beständig als »nicht deutsch« und damit als fremd markiert werden.

Diese drei Ebenen sind untrennbar miteinander verbunden. Sie beeinflussen und bedingen sich gegenseitig. Konkret bedeutet das, dass, weil Rassismus auf einer der Ebenen wirkt, es auch Anknüpfungspunkte zu den anderen Ebenen gibt. Ein Beispiel: Eine Lehrkraft – hier sind wir auf der individuellen Ebene – benotet BIPoC-Schüler*innen bei gleicher Leistung schlechter und gibt ihnen schlechtere Übergangsempfehlungen. Untersuchungen zeigen jedoch auf, dass es sich hier nicht um eine einzelne Lehrkraft handelt, sondern dass viele Lehrkräfte an unterschiedlichen Schulen in verschiedenen Bundesländern so handeln – eine eingeschliffene Routine, ein institutionelles Vorgehen also. Strukturell führt das dazu, dass BIPoC aufgrund der schlechteren Noten und Übergangsempfehlungen einen erschwerten Zugang zu Bildung, besonders zu »höherer« formaler Bildung haben. Die strukturelle Ebene hat wiederum Einfluss auf die Vorstellungen der einzelnen Lehrkraft. Das können etwa rassistische Vorstellungen sein – etwa, dass BIPoC vermeintlich »bildungsfern« sind, sich »nicht benehmen« oder »nicht richtig Deutsch sprechen« können –, auf deren Grundlage die Lehrkraft handelt.

Auch wenn es nicht immer einfach ist, die Ebenen voneinander zu unterscheiden, so ist es trotzdem wichtig sie zu bestimmen. Denn je nachdem, auf welcher der Ebenen wir uns in einer jeweiligen Situation befinden, haben wir unterschiedliche Möglichkeiten gegen Rassismus einzutreten. Ein Beispiel: Wenn eine Person auf einer Geburtstagsfeier etwas

Rassistisches sagt, dann habe ich andere Möglichkeiten, als wenn etwa die Einstellungspraktiken in der Organisation, in der ich arbeite, rassistisch sind. In beiden Fällen sind unterschiedliche Strategien denkbar. Während ich auf der Geburtstagsfeier unmittelbar etwas entgegnen kann, werde ich mich hinsichtlich der Veränderung der Einstellungspraktiken mit anderen vernetzen und organisieren müssen.

Reflexion: Die drei Ebenen

Sammle in einem **ersten Schritt** (1) Beispiele für das Wirken von Rassismus auf den unterschiedlichen Ebenen. Achte dabei darauf, dass es nach Möglichkeit Dinge sind, bei denen du selbst anwesend warst, die du selbst erlebt hast. Notiere deine Gedanken zur jeweiligen Ebene und halte sie schriftlich fest.

Tipp Halte inne und überlege jeweils, wie du dich in den Situationen gefühlt hast. Wie hast du reagiert? Welche Emotionen kamen hoch? Welche Bedeutung hat deine von Rassismus geschaffene Position in diesem Zusammenhang?

In einem **zweiten Schritt** (2) bitte ich dich einmal zu überlegen, wie du in der jeweiligen Situation reagieren könntest. Notiere hierzu deine Gedanken zu den jeweiligen Punkten, auf die du Bezug nimmst.

Tipp Lass in deine Überlegungen folgende Aspekte miteinfließen: Wie unterscheiden sich mögliche Handlungsoptionen auf den jeweiligen Ebenen? Welche Auswirkungen hat das auf dein Vorgehen? Und welche Bedeutung hat deine soziale Position in diesem Zusammenhang?

individuell

Beispiel Lass uns nochmal zu den Beispielen oben zurückkommen: Die Situation auf der Geburtstagsfeier ist eine direkte Interaktion. An dieser muss ich nicht selbst beteiligt sein, vielleicht unterhalte ich mich sogar mit einer anderen Person und mein Gegenüber überhört, dass die Person, die gerade den Kuchen schneidet, etwas Rassistisches gesagt hat. In Momenten wie diesen wird Rassismus auf der individuellen Ebene reproduziert – also im zwischenmenschlichen Miteinander. Das gibt uns die Möglichkeit, direkt etwas zu tun: etwa dass wir, wenn eine Person direkt rassistische Diskriminierung erfahren hat, zu ihr gehen und fragen, ob es okay ist, wenn wir etwas dazu sagen.

institutionell

Beispiel Wenn wir gegen institutionellen Rassismus eintreten wollen, dann ist das meist nicht unmittelbar möglich. Wenn es beispielsweise darum geht, das Team in einer Organisation diverser aufzustellen, dann müssen in der Regel unterschiedliche Dinge in den Blick genommen werden. Dazu kann gehören, wie Stellenausschreibungen formuliert sind und wo sie gestreut werden. Dazu gehört allerdings auch die Frage danach, ob es Maßnahmen oder Regelungen gibt, die BIPoC in der Organisation vor Rassismus schützen. Wer hier Veränderung bewirken will, kann das selten allein machen. Auf der institutionellen Ebene können wir Verbündete suchen und etwa gemeinsam einen Vorschlag für eine veränderte Stellenausschreibung formulieren. Oft wird das dann intern besprochen und nicht von einer einzelnen Person entschieden.

strukturell

Beispiel Obwohl die erste beschriebene Situation eine persönliche Interaktion ist, knüpft sie an die strukturelle Ebene an. Denn wenn Menschen rassistische Vorstellungen äußern, sind es selten Überzeugungen, zu denen sie ganz persönlich gekommen sind. Ein großer Teil unserer Wissensbestände im Kontext von Rassismus sind Dinge, die wir von anderen Menschen lernen – durch Aussagen, die sie machen, und durch ihr Verhalten. Auch die zweite Situation knüpft an die strukturelle Ebene an: Denn die Tatsache, dass in vielen Organisationen – insbesondere, wenn ein akademischer Abschluss verlangt wird – noch immer mehrheitlich *weiße* Teams vorzufinden sind, ist kein Zufall. So sind es auch hier gesellschaftliche Wissensbestände, die beeinflussen, wer zum *weißen* »Wir« gehört und damit eher ausgewählt wird – dazu gibt es übrigens Studien. Zudem hat diese beständige Bevorzugung *weißer* Menschen in bestimmten Sektoren des Arbeitsmarkts strukturell zur Folge, dass für BIPoC der Zugang zu Arbeit und damit verbunden auch der Zugang zu Geld erschwert ist.

individuell

1

2

institutionell

1

2

strukturell

1

2

Abschlussreflexion

Was hat sich durch die Übung in dir verändert?

Welche neuen Möglichkeiten nimmst du für dich wahr?

Welche offenen Fragen hast du und wie kannst du sie dir beantworten?

Weitere Gedanken, die du notieren möchtest:

Übertrage die wichtigsten Ergebnisse auf deinen Spickzettel auf S. 174.

2 Eine realistische Einschätzung der Lage

Du erinnerst dich vielleicht: Im vierten Kapitel des ersten Teils haben wir auf der Grundlage des Forschungsfelds »Racial Identity Development« gängige Verhaltensmuster im Kontext von Rassismus betrachtet und die Emotionen, die diese begleiten. Nun möchte ich mit dir einen Schritt weitergehen, denn die Modelle ermöglichen uns auch, uns in Beziehung zueinander zu setzen. Sprich, sie bieten uns Gelegenheit wahrzunehmen, dass unsere Interaktionen, etwa wenn wir Rassismus thematisieren, nicht nur davon beeinflusst werden, ob wir selbst Rassismus erfahren oder nicht. Wie ein Konflikt sich zum Beispiel entwickelt, hängt auch damit zusammen, in welcher der unterschiedlichen Phasen die involvierten Menschen sich jeweils befinden. Und auch wie schnell die Personen die verschiedenen Phasen innerhalb des Konfliktes durchlaufen, kann sich auf einen Streit auswirken. Allerdings sind die Modelle mit ihren Stadien nicht nur in Konfliktsituationen von Bedeutung, auch in alltäglichen Gesprächen zum Thema Rassismus begleiten sie uns.

Die Modelle, die ich aus dem Aufsatz »Talking about Race, Learning about Racism. The Application of Racial Identity Development Theory in the Classroom«[5] von Beverly Daniel Tatum entnommen habe, verwendete Tatum in Uniseminaren zu Rassismus. Tatum nutzte die Phasenmodelle als Werkzeug, das es ihren

5 **Übersetzung** »Über die durch Rassismus geschaffene Position sprechen, über Rassismus lernen. Die Anwendung der Theorie zur Identitätsentwicklung im Kontext von Rassismus im Klassenzimmer«

Studierenden ermöglichte, das eigene Verhalten und die damit verbundenen Gefühle sowie die Kommunikation im Seminar in einen Zusammenhang zu setzen und kritisch zu reflektieren. Denn im Seminar, so beschreibt sie es im Text, zeigten sich anhand der Interaktionen die unterschiedlichen Stadien, die die Studierenden durchliefen. Schwarze Studierende etwa waren besorgt, dass das Schildern ihrer Rassismuserfahrungen mit *weißen* Menschen *weiße* Studierende »verletzen« könnte. *Weiße* Studierende verharrten in verunsichertem Schweigen, weil sie fürchteten etwas »Falsches« zu sagen.

Für uns können die beiden Modelle von Beverly Daniel Tatum ebenso unterstützend sein, um die Momente des Miteinanders kritisch zu reflektieren, in denen Rassismus eine Rolle spielt. Sie sind bedeutsam für uns, um unsere eigenen von Rassismus geprägten Emotionen erkennen und regulieren zu können. Für Menschen, die Rassismus erleben, kann das etwa bedeuten, dass sie in Abhängigkeit ihrer Kapazitäten in der Situation eine Grenze setzen. Für *weiße* Menschen hingegen kann eine solche kritische Reflexion darauf hinweisen, dass es Zeit ist, tief durchzuatmen und die Reaktion, die hochkommt, vorbeiziehen zu lassen. Das kann wichtig sein, um sich auf das Ziel – die Unterbrechung rassistischer Strukturen – zu besinnen.

Die Modelle können uns dabei unterstützen, Situationen, in denen wir bereits waren, zu reflektieren. Sie können uns außerdem dabei unterstützen vorab zu überlegen, welche Verhaltensweisen auftreten können. Ich selbst empfinde es immer wieder als enorm hilfreich zu verstehen, in welcher der in dem Modell beschriebenen Phasen mein Gegenüber und ich uns gerade befinden. Tatsächlich fließt dieses Wissen konkret in meine Arbeit ein: Wenn ich einen Workshop zu Rassismus plane, dann überlege ich zum Beispiel, was gängiges Abwehrverhalten seitens *weißer* Menschen sein könnte und wie es anhand der ausgewählten Übungen mitgedacht werden kann.

Auf der Grundlage der Racial-Identity-Development-Modelle können wir für uns überlegen, welche Möglichkeiten wir hinsichtlich der verschiedenen Stadien haben, um zu reagieren. Für mich zum Beispiel ist klar, dass ich mit einer *weißen* Person, die sich in einem der ersten beiden Stadien befindet und die darauf beharrt, dass sie »nicht rassistisch gehandelt haben kann«, weil ihre Absichten »gut« sind, nicht diskutiere. Dafür ist mir meine Zeit zu wertvoll. Und wie gesagt: Es ist wichtig, dass wir unsere Ziele im Blick behalten und wahrnehmen, dass es nicht darum geht, das Verhalten anderer Menschen zu verändern, sondern Rassismus zu unterbrechen. Mit Blick auf mein Beispiel kann das bedeuten, dass ich lediglich sage, dass eine Handlung rassistisch war und dass ich nicht bereit bin, das weiter zu diskutieren. Im Vordergrund steht für mich, dass ich weiß, dass es nicht realistisch ist, dass ich mithilfe von Daten und Fakten zum Thema eine Veränderung in der Haltung einer Person bewirken kann und dass meine Kapazitäten wichtig sind.

Übung: Du und andere Menschen

Die Übung ist so aufgebaut, dass du dabei jeweils auf ein vorgestelltes Gegenüber eingehst. Überlege dir ausgehend von der unten beschriebenen Situation zunächst, welche Ziele mit Blick auf das jeweilige Stadium realistisch sein könnten. Überlege dir dann anhand der unterschiedlichen Phasen der Racial-Identity-Development-Modelle, welche Reaktionen und Strategien im Hinblick auf die Phasen denkbar wären. Beachte dabei die jeweilige Situation und notiere deine Gedanken dazu. Wirf dafür jeweils einen Blick auf die unterschiedlichen Stadien der Racial-Identity-Development-Modelle.

In dieser Übung geht es vor allem darum einmal gedanklich durchzuspielen, welche Strategien und Reaktion im Kontext des jeweiligen Musters sinnvoll und zielführend sind. Für uns kann das im Alltag hilfreich sein, um zu überlegen, wo wir unsere Energie für das Unterbrechen von Rassismus hingeben und wie wir das machen.

Anmerkung Das Racial-Identity-Development-Modell findest du auf S. 78–82 und im Umschlag zum Ausklappen. Außerdem zum Download hinter dem QR-Code auf S. 184.

Anmerkung Meiner Erfahrung nach ist diese Übung für *weiße* Menschen oft deshalb herausfordernder, weil sie es zunächst weniger gewohnt sind, die Interaktionen mit anderen Menschen im Zusammenhang mit Rassismus absichtsvoll und strategisch zu navigieren. BIPoC hingegen, selbst wenn ihnen das nicht an sich selbst auffällt, entwickeln oft Strategien im Umgang mit *weißen* Menschen. Die Übung soll dabei unterstützen strategischer zu werden beziehungsweise die eigenen Strategien als solche zu erkennen.

Übung 1

Situation für BIPoC und für *weiße* Personen

Eine *weiße* Person sagt etwas Rassistisches.

Stadium (deines *weißen* Gegenübers)	Dein mögliches Ziel	Deine mögliche Strategie/Reaktion
Kontakt		
Desintegration		
Reintegration		

Pseudo-Unabhängigkeit

Eintauchen

Autonomie

Übung 2
Situation für BIPoC

Eine Person, die von einer anderen Form von Rassismus betroffen ist als du, gibt dir die Rückmeldung, dass dein Handeln rassistisch war.

Stadium (deines BIPoC-Gegenübers)	Dein mögliches Ziel	Deine mögliche Strategie/Reaktion
Vorbegegnung		
Begegnung		

Eintauchen

Internalisierung

Internalisierung und Engagement

Übung 2
Situation für *weiße* Personen

Eine Person, die Rassismus erfährt, gibt dir die Rückmeldung, dass dein Handeln rassistisch war.

Stadium (deines BIPoC-Gegenübers)	Dein mögliches Ziel	Deine mögliche Strategie/Reaktion
Vorbegegnung		
Begegnung		

Eintauchen

Internalisierung

Internalisierung und Engagement

Übung 3

Überleg dir eine eigene Situation und spiel diese hinsichtlich der unterschiedlichen Stadien durch.

Stadium	Dein mögliches Ziel	Deine mögliche Strategie/Reaktion

Abschlussreflexion

Was hat sich durch die Übung in dir verändert?

Welche neuen Möglichkeiten nimmst du für dich wahr?

Welche offenen Fragen hast du und wie kannst du sie dir beantworten?

Weitere Gedanken, die du notieren möchtest:

Übertrage die wichtigsten Ergebnisse auf deinen Spickzettel auf S. 174.

Notizen

Datum

Ort

3 Übung hilft!

Du erinnerst dich sicherlich, dass ich zu Beginn geschrieben habe, dass es für das Eintreten gegen Rassismus keine einfachen Rezepte gibt, denen wir folgen können. Das hängt einerseits damit zusammen, dass es in jeder Situation unterschiedliche Dinge gibt, die wir bedenken müssen. Das kann etwa unsere eigene von Rassismus geschaffene Position umfassen. Bedeutsam kann dabei auch sein, in welchem Kontext wir uns befinden und ob die Person, mit der wir in den Austausch kommen wollen, uns vertraut ist. Wichtig ist auch abzuwägen, ob die Situation gefährlich werden könnte und ob eine Person anwesend ist, die unmittelbar von Rassismus bzw. einer rassistischen Handlung in der Situation betroffen ist.

Allerdings sind es eben jene Aspekte, die wir im Hinblick auf unser Handeln gegen Rassismus im Blick behalten können. Sprich, wir können einüben, einige Aspekte zu bedenken und unsere Gedanken dazu in unser Handeln einfließen lassen. Diese Gedanken sind nicht nur dann relevant, wenn es einen konkreten Rassismusvorfall gibt. Sie sind es auch dann, wenn du dich etwa mit anderen Menschen organisieren willst.

Reflexion: Stell dir vor ...

In dieser Aufgabe geht es darum einige Fallbeispiele durchzuspielen. Lies dir dafür zunächst die Reflexionsfragen durch und wende diese dann auf die Fallbeispiele an. Du wirst bemerken, dass die Beispiele recht kurzgefasst sind. Füll sie gern mit weiteren Informationen, die dir wichtig erscheinen. Halte deine Ergänzungen und deine Antworten zu den Fragen schriftlich fest.

Reflexionsfragen für BIPoC

Individuell

1. Bist du in dieser Situation selbst unmittelbar von Rassismus betroffen? Was könntest du in diesem Moment brauchen? Wie kannst du in dieser Situation auf dich selbst achten?
2. Welche Möglichkeiten bietet deine soziale Position im Zusammenhang mit Rassismus? Welche Herausforderungen gehen mit ihr einher?
3. Welche Aufgaben kannst du in dieser Situation übernehmen? Welche Aufgaben kannst du abgeben?
4. Welches Abwehrverhalten ist erwartbar und wie möchtest du damit umgehen?
5. Gibt es Personen, mit denen du dich verbünden kannst?

Institutionell

6. Gibt es bereits Strukturen, die ein Handeln gegen Rassismus unterstützen?
7. Welche Strukturen müssten geschaffen werden, um als Organisation handlungsfähig zu sein?
8. Welche Hürden könnten auftreten?
9. Gibt es Teile der Organisation, die sich für Bündnisse anbieten?
10. Was braucht es, um diese neuen Strukturen zu schaffen?

Reflexionsfragen für *weiße* Menschen

Individuell

1 Gibt es eine Person, die unmittelbar von Rassismus betroffen ist? Was könnte diese Person brauchen? Wie kannst du dazu beitragen Sicherheit für diese Person herzustellen?
2 Welche Möglichkeiten bietet deine soziale Position im Zusammenhang mit Rassismus? Welche Herausforderungen gehen mit ihr einher?
3 Welche Möglichkeiten hast du zu handeln?
4 Welche Aufgaben kannst du in dieser Situation übernehmen?
5 Welches Abwehrverhalten ist erwartbar und wie kann es mitgedacht werden?
6 Gibt es Personen, mit denen du dich verbünden kannst?

Institutionell

7 Gibt es bereits Strukturen, die ein Handeln gegen Rassismus unterstützen?
8 Welche Strukturen müssten geschaffen werden, um als Organisation handlungsfähig zu sein?
9 Welche Hürden könnten auftreten?
10 Gibt es Teile der Organisation, die sich für Bündnisse anbieten?
11 Was braucht es, um diese neuen Strukturen zu schaffen?

Fallbeispiele

1. Nach einem Rassismusvorfall in der Schule steht ein Gespräch mit einer Lehrkraft in der Schule an.

2. Seit du dich tiefer mit Rassismus beschäftigst, bemerkst du, dass eine Freundin, die dir nahesteht, rassistische Ansichten vertritt.

3. Bei einem Elternabend in der Kita bemerkst du, dass einige der Kinderbücher rassistische Stereotype wiederholen.

4. Ein Familienmitglied äußert sich deiner Beziehungsperson gegenüber rassistisch.

5. Deine Kollegin hat während der Arbeit Rassismus erfahren und vertraut sich dir an.

6. Ihr habt im Sportverein eine Antirassismus-AG gegründet und wisst nicht, wo ihr beginnen sollt.

7. Du möchtest dich bei deinem Arbeitsort dafür einsetzen, dass für die Kommunikation rassismuskritische Sprache gebraucht wird.

8. Dein Kind verwendet wiederholt eine rassistische Fremdbezeichnung.

9. Ein Kollege beschwert sich in einem Workshop zu Rassismus darüber, dass Selbstbezeichnungen zu kompliziert seien.

10. Nachdem du sie mehrmals auf ihr rassistisches Verhalten angesprochen hast, wollen deine Eltern einen Workshop zu Rassismus besuchen.

11. Eigenes Fallbeispiel:

12. Eigenes Fallbeispiel:

13. Eigenes Fallbeispiel:

Abschlussreflexion

Was hat sich durch die Übung in dir verändert?

Welche neuen Möglichkeiten nimmst du für dich wahr?

Welche offenen Fragen hast du und wie kannst du sie dir beantworten?

Weitere Gedanken, die du notieren möchtest:

Übertrage die wichtigsten Ergebnisse auf deinen Spickzettel auf S. 174.

4 Sei (un)kreativ

Rassismuskritik ist Unterbrechung. Und zwar konkret eine Unterbrechung der alltäglichen rassistischen Strukturen. Dabei geht es nicht darum, die meisten Bücher zum Thema gelesen zu haben. Es geht auch nicht darum, sprachlich besonders elaborierte Argumente dafür vorzubringen, weshalb eine Handlung rassistisch ist. Es geht im Kern vor allem darum, rassistisches Verhalten nicht unbeachtet stehen zu lassen.

Trotzdem ist der Wunsch, mit dem ich am häufigsten konfrontiert bin, der, »besser« gegen Rassismus argumentieren zu lernen. Die Hoffnung, die dem zugrunde liegt, ist, dass eine gut dargelegte Argumentation, die inhaltsreich und faktenbasiert ist, dazu beiträgt, dass etwa eine *weiße* Person ihr Verhalten verändert und versteht, weshalb ihr Handeln rassistisch war.

Diese Vorstellung basiert allerdings auf einem Denkfehler: nämlich, dass eine sachlich dargelegte Argumentation dazu führt, dass eine Person, deren Verhalten rassistisch war, einsichtig wird. Das ist nicht notwendigerweise der Fall. Selbst die stichhaltigste Begründung, die zudem besonders sachlich gestaltet ist, um andere inhaltlich abzuholen, verfehlt regelmäßig dieses Ziel. Hierfür können wir nochmal an den Forschungsbereich »Racial Identity Development« zurückdenken: Insbesondere in den ersten beiden Stadien, also wenn das Verhalten *weißer* Menschen vor allem von

Abwehr gekennzeichnet ist, ist es unwahrscheinlich, dass sich ein Sinneswandel innerhalb eines Gesprächs vollzieht.

Bemerkenswert finde ich, dass dieser Druck – strukturellen Rassismus so zu erklären, dass Menschen, die sich bisher kaum damit befasst haben, diese Argumentation ohne Einwände annehmen können – nur auf einer Seite lastet. Für Menschen, die sich rassistisch verhalten hingegen reicht es, wenn sie von sich behaupten, sie hätten mit ihrem Verhalten keine »böse Absicht« verbunden. Ich möchte dich dazu ermutigen, diesen Druck loszulassen. Denn bei Personen, die sich nicht mit Rassismus auseinandersetzen wollen, helfen auch die besten Erklärungen nicht.

Hier wird der Gedanke, den ich eingangs erwähnt habe, wieder bedeutsam: nämlich, dass du keine Kontrolle über den jeweiligen Lernprozess anderer Menschen hast. Doch du kannst auf das Verhalten anderer Menschen reagieren. Und das ist wichtig, denn ich erlebe ständig, dass Personen Rassismus nicht unterbrechen, weil sie sich in ihrer Argumentation nicht »sicher« genug fühlen. Dabei besteht die Unterbrechung nicht notwendigerweise in einer Erklärung. Sie kann unterschiedlich aussehen. Für mich als Schwarze Person etwa besteht sie regelmäßig darin, dass ich eine Grenze ziehe. Manchmal sage ich dann in meiner Freizeit Dinge wie: »Für einen günstigen Tagessatz von nur 2.000 € bin ich gern bereit einen privaten Workshop zu strukturellem Rassismus mit dir durchzuführen. In meiner Freizeit mache ich das nicht.« Mein Punkt ist, ich versuche nicht besonders kreativ zu sein. Meine Kreativität lebe ich in anderen Zusammenhängen aus.

Es braucht Übung, um Rassismus zu unterbrechen. Doch so wenig kreativ die gängigen Aussagen zur Abwehr sind, so wenig müssen es deine Reaktionen sein. Das ist auch der Grund, weshalb ich in meiner Arbeit oft das Gleiche sage: weil ich immer wieder die gleichen Dinge entgegengebracht bekomme. Deshalb möchte ich auch dich dazu ermutigen unkreativ zu werden, dir ein paar Sätze zurecht zu legen und diese immer wieder zu recyceln.

Übung: Sätze zum Recyceln

Such dir ein paar Sätze, die du immer wieder – und völlig ohne Scham – aus der Mottenkiste holen kannst. Die Sätze müssen weder besonders schön sein noch besonders informativ. Wichtig ist lediglich, dass sie ihren Zweck erfüllen, nämlich Momente, in denen Rassismus wiederholt wird, zu unterbrechen. Wichtig ist auch, dass sie simpel genug sind, dass du sie parat hast – besonders in Situationen, in denen du verunsichert bist. Den Satz zum Beispiel, den ich weiter oben geschrieben habe, sage ich ständig, wenn Leute meinen ich stünde auch in meiner Freizeit parat, um Dinge zu Rassismus zu erklären.

Überlege dir, in welchen Situationen du dir gewünscht hättest schlagfertiger zu sein. Was hat dein Gegenüber gesagt? Überlege dir in einem weiteren Schritt, welche simplen Sätze du entgegnen könntest. Halte deine Gedanken dazu schriftlich fest.

Anmerkung Für diese Übung kannst du nochmal einen Blick auf die Übung in Teil II, Kapitel 2 werfen. Die Übungen mögen auf den ersten Blick ähnlich erscheinen. Allerdings geht es im zweiten Kapitel eher darum, die unterschiedlichen Stufen der Racial-Identity-Development-Modelle hinsichtlich der eigenen Reaktion in Betracht zu ziehen. Hier hingegen geht es darum, ganz grundsätzlich Antworten zu finden und diese einzuüben.

Situation/Aussage	Deine Antwort

Abschlussreflexion

Was hat sich durch die Übung in dir verändert?

Welche neuen Möglichkeiten nimmst du für dich wahr?

Welche offenen Fragen hast du und wie kannst du sie dir beantworten?

Weitere Gedanken, die du notieren möchtest:

Übertrage die wichtigsten Ergebnisse auf deinen Spickzettel auf S. 174.

5 Verbünde dich!

Bei vielen der Übungen geht es um dich als Person und darum, welche Möglichkeiten du hast, um einen Umgang mit anderen Menschen im Zusammenhang mit Rassismus zu finden. Meistens liegt dabei der Fokus darauf, wie du in Momenten, in denen Rassismus reproduziert wird, intervenieren oder dich abgrenzen kannst. Und tatsächlich sind diese Aspekte wichtig. Ebenso wichtig ist allerdings, dass wir uns miteinander gegen Rassismus verbünden. Rassismuskritik – das ist etwas, das ich für mich gelernt habe – ist in vielerlei Hinsicht Beziehungsarbeit. Schließlich sorgt Rassismus für Ungleichberechtigung und stört damit das zwischenmenschliche Miteinander. Zugegeben, es ist nicht nur eine Arbeit mit Menschen, die uns nahe sind. Es ist auch eine Arbeit, die etwa Einfluss darauf hat, wie wir allen Menschen, die Teil unseres Alltags sind, begegnen. Nicht zuletzt ist gegen Rassismus einzutreten eine Aufgabe, die sich auf unsere Beziehung zu uns selbst auswirkt.

Ein bedeutender Teil der Beziehungsarbeit, die unsere Kritik an den rassistischen Strukturen unserer Gesellschaft notwendigerweise umfasst, sind Bündnisse gegen Rassismus. Denn Rassismus ist ein Teile-und-herrsche-System, das darüber funktioniert, dass es mitunter schwierig ist sich miteinander zu verbünden. Zudem lernen wir in einer von Machtverhältnissen durchzogenen Gesellschaft, die auf der Unterdrückung von Menschen beruht, kaum Werkzeuge kennen, die es uns ermöglichen fürsorglich und miteinander verbunden zu sein.

Wenn wir uns mit anderen Menschen gegen Rassismus verbünden wollen, bedeutet das, dass wir uns darauf einlassen Beziehungsarbeit zu leisten. Diese Arbeit kann bei uns selbst beginnen. So können wir als Menschen, die Rassismus erfahren, etwa reflektieren, wo unsere Grenzen liegen oder ob wir uns bisher genug Raum für Selbstfürsorge zugestehen. Für *Weiße* kann diese Arbeit umfassen, die eigene verinnerlichte Dominanz immer wieder kritisch in den Blick zu nehmen. In allen Fällen sind Bündnisse die Orte, an denen wir an uns feststellen können, welchen persönlichen Herausforderungen wir uns stellen müssen, um in Verbindung zu treten. Und sie sind – vielleicht auch weil Bündnisse selten konfliktfrei sind – die Orte, an denen wir die Utopie eines gleichberechtigteren Miteinanders erproben können.

Reflexion: Ja, ich will (mich verbünden)!

Ähnlich wie im zweiten Kapitel des ersten Teils findest du auf diesen Seiten einige Reflexionsfragen zu Bündnissen. In dieser Übung ist deine durch Rassismus geschaffene Position – sprich, ob du Rassismus erfährst oder durch ihn Privilegien erfährst – relevant, entsprechend gibt es diesmal zwei Fragenkataloge.

Im **ersten Schritt** (1) bist du eingeladen, die Fragen zu beantworten und deine Antworten neben den Fragen zu notieren. Nimm dir Zeit und denk eine Weile nach, du musst nicht direkt Antworten auf alle Fragen haben. Wichtig ist, dass du deine Antworten schriftlich festhältst, denn du brauchst sie für den zweiten Schritt.

Im **zweiten Schritt** (2) gehst du deine Antworten durch und überlegst, wo es Aspekte gab, zu denen es dir schwerfiel, etwas zu schreiben: Wozu hast du offene Fragen? An welchen Stellen verspürst du Verunsicherung? Wie könntest du mögliche Leerstellen füllen und offene Fragen für dich beantworten. Notier dir deine Gedanken zu der jeweiligen Frage. Für diesen Schritt kannst du gern eine andere Stiftfarbe verwenden. Das hilft dir, deine Antworten zu unterscheiden.

Ich will mich verbünden – für BIPoC

Welche Erfahrungen habe ich bisher in Bündnissen gegen Rassismus sammeln können?

1

2

1

Was habe ich in diesem Zusammenhang über Bündnisse gelernt?

2

Welche Herausforderungen könnten Bündnisse gegen Rassismus mit sich bringen?

1

2

In welchen Kontexten habe ich mich gegen Rassismus verbündet? Gab es dafür einen bestimmten Anlass?

1

2

1

Mit wem habe ich mich bisher gegen Rassismus verbündet? Mit wem nicht? Welche Bedeutung hat meine soziale Position in diesem Zusammenhang?

2

Welches Wissen über die verschiedenen Formen von Rassismus benötige ich, um mich verbünden zu können?

1

2

Welche Räume habe ich, in denen ich mein eigenes Verhalten und meine eigene Eingebundenheit in Rassismus reflektieren kann?

1

2

1

Welches Wissen, welche Erfahrung und welche Perspektiven kann ich in Bündnisse einbringen?

2

Wo bin ich auf die Erfahrung und die Perspektiven anderer Menschen angewiesen?

1

2

Wie kann ich wohlwollend mit meinem eigenen rassistischen Denken und Handeln umgehen?

1

2

1

Wie kann ich wohlwollend mit rassistischem Denken und Handeln anderer umgehen?

2

Welche Möglichkeiten und Herausforderungen bringt meine soziale Position in Bündnissen mit sich?

1

2

Was wünsche ich mir persönlich von einem Bündnis gegen Rassismus? Welche Bedeutung hat die soziale Position meines Gegenübers in diesem Zusammenhang?

1

2

1

Wann kann ich meine Wünsche kommunizieren, wann nicht? Welche Bedeutung hat die soziale Position meines Gegenübers in diesem Zusammenhang?

2

Was erwarte ich nicht von Bündnissen?

1

2

In welchen Zusammenhängen brauche ich Zeit und Abstand, um zu reflektieren? Kann ich das kommunizieren?

1

2

1

Habe ich eine Routine für Selbstfürsorge? Was beinhaltet sie?

2

Welche Bündnisse sind für mich Teil von Selbstfürsorge? Welche nicht?

1

2

Wie kann ich in Bündnissen für mein Wohlbefinden einstehen?

1

2

1

Wann schaffe ich es mich innerhalb von Bündnissen abzugrenzen, wann schaffe ich das nicht?

2

Gönne ich mir Pausen von der Beschäftigung mit Rassismus?

1

2

Wie können Ruhe und Erholung Teil einer Bündnis-Praxis werden?

1

2

1

Welche meiner persönlichen Eigenschaften erleichtern mir das Verbündet-Sein? Welche erschweren es mir?

2

Wie kann ich in Konflikten zu meiner rassismuskritischen Haltung zurückfinden?

1

2

Ich will mich verbünden – für *weiße* Menschen

Welche Erfahrungen habe ich bisher in Bündnissen gegen Rassismus sammeln können?

1

2

1

Was habe ich in diesem Zusammenhang über Bündnisse gelernt?

2

Welche Herausforderungen könnten Bündnisse gegen Rassismus mit sich bringen?

1

2

In welchen Kontexten habe ich mich gegen Rassismus verbündet? Gab es dafür einen bestimmten Anlass?

1

2

1

Mit wem habe ich mich bisher gegen Rassismus verbündet? Mit wem nicht? Welche Bedeutung hat meine soziale Position in diesem Zusammenhang?

2

Welches Wissen über die verschiedenen Formen von Rassismus benötige ich, um mich verbünden zu können?

1

2

Welche Räume habe ich, in denen ich mein eigenes Verhalten und meine eigene Eingebundenheit in Rassismus reflektieren kann?

1

2

1

Welches Wissen, welche Erfahrung und welche Perspektiven kann ich in Bündnisse einbringen?

2

Wo bin ich auf die Erfahrung und die Perspektiven anderer Menschen angewiesen?

1

2

Wie gehe ich mit meinen eigenen rassistischen Denk- und Verhaltensweisen um?

1

2

1

Wie gehe ich mit den rassistischen Denk- und Verhaltensweisen anderer um?

2

Welche Möglichkeiten und Herausforderungen bringt meine soziale Position in Bündnissen mit sich?

1

2

Wie wirken sich meine *weißen* Privilegien und meine verinnerlichte Dominanz auf Bündnisse aus?

1

2

1

Wie nutze ich meine Privilegien im Rahmen von Bündnissen gegen Rassismus?

2

Wie kann ich in Konflikten zu meiner rassismuskritischen Haltung zurückfinden?

1

2

Wie kann ich lernen, Menschen, die Rassismus erfahren, Raum zu geben, ohne dabei inaktiv zu werden?

1

2

1

Reflektiere ich, dass Bündnisarbeit für BIPoC mit Anstrengungen verbunden sind, die ich nicht erlebe? Welche Folgen hat das für mein Handeln?

2

Welche meiner persönlichen Eigenschaften erleichtern mir das Verbündet-Sein? Welche erschweren es mir?

1

2

Wie kann ich in Bündnissen für das Wohlbefinden von BIPoC einstehen?

1

2

1

Welche Aufgaben könnte ich übernehmen und damit gegebenenfalls Entlastung für Menschen schaffen, die Rassismus erfahren?

2

Welche Verantwortung könnte ich gegenüber anderen *weißen* Verbündeten übernehmen?

1

2

Habe ich einen Umgang mit unangenehmen Gefühlen im Zusammenhang mit Rassismus für mich gefunden?

1

2

Abschlussreflexion

Was hat sich durch die Übung in dir verändert?

Welche neuen Möglichkeiten nimmst du für dich wahr?

Welche offenen Fragen hast du und wie kannst du sie dir beantworten?

Weitere Gedanken, die du notieren möchtest:

Übertrage die wichtigsten Ergebnisse auf deinen Spickzettel auf S. 174.

Weitermachen!

Wenn du bis hierhergekommen bist, dann haben sich für dich inzwischen sicherlich viele neue Fragen ergeben. Das ist gut, denn Rassismus zu kritisieren ist ein beständiger Lernprozess, in dem wir unser Wissen stetig vertiefen können. Und diese Vertiefung ist wesentlich, denn um den komplexen rassistischen Strukturen zu begegnen, brauchen wir ein ebenso komplexes Verständnis von ihnen.

Dieser Prozess muss nicht einsam sein. Such dir Verbündete, gründe einen Lesekreis, schau, ob es Gruppentreffen zum Thema gibt – tausch dich aus und lerne von anderen. Hilfreich können dabei etwa Strategien anderer sein, die du für dich ausprobieren kannst. Oder auch Konflikte innerhalb von Räumen, die es sich zum Ziel machen Rassismus zu reflektieren. All das und vieles mehr sind gute Möglichkeiten, um das eigene Verhalten im Kontext der eigenen Rassismuskritik wahrzunehmen. Und wichtiger noch: Räume des Austauschs bieten die Möglichkeit, dich immer wieder darauf zurückzubesinnen, dass dein Lernprozess in deiner Verantwortung liegt und unabgeschlossen bleibt.

Notizen

Datum

Ort

Teil III:

Raum

für

dich

Teil III: Raum für dich

Hierher kannst du kommen, wenn du gerade eine Übung abgeschlossen hast oder auch, wenn du mit einer der Übungen nicht weiterkommst und du einen Moment brauchst, um deinen Tag zu reflektieren. Hier befindet sich außerdem dein Spickzettel, den du nach Beendigung einer Übung befüllen kannst und auch das Glossar, wenn du etwa zu Beginn wegen einiger Begriffe verunsichert bist.

Tagebuch

Diese Tagebuchseiten bieten dir einen offenen Reflexionsraum, den du besuchen kannst, wann immer du willst. Hier geht es darum, dass du mit einer gewissen Routine auf deinen Alltag blickst und wahrnimmst, welche Dinge funktionieren – etwa die Sätze, die du dir zurechtgelegt hast –, was du gegenwärtig lernst und worin du mehr Übung bekommen willst.

Tagebuch

Datum

Ort

Das hat heute gut funktioniert:

Das war heute schwierig für mich:

Das habe ich heute gelernt:

Darin möchte ich mehr Übung bekommen:

Tagebuch

Datum

Ort

Das hat heute gut funktioniert:

Das war heute schwierig für mich:

Das habe ich heute gelernt:

Darin möchte ich mehr Übung bekommen:

Tagebuch

Datum

Ort

Das hat heute gut funktioniert:

Das war heute schwierig für mich:

Das habe ich heute gelernt:

Darin möchte ich mehr Übung bekommen:

Tagebuch

Datum

Ort

Das hat heute gut funktioniert:

Das war heute schwierig für mich:

Das habe ich heute gelernt:

Darin möchte ich mehr Übung bekommen:

Tagebuch

Datum

Ort

Das hat heute gut funktioniert:

Das war heute schwierig für mich:

Das habe ich heute gelernt:

Darin möchte ich mehr Übung bekommen:

Tagebuch

Datum

Ort

Das hat heute gut funktioniert:

Das war heute schwierig für mich:

Das habe ich heute gelernt:

Darin möchte ich mehr Übung bekommen:

Weitere Tagebuchseiten zum Ausdrucken findest du hinter dem QR-Code auf S. 184.

Spickzettel

Das ist dein Spickzettel. Hier kannst du deine wichtigsten Ergebnisse festhalten und immer einen Blick darauf werfen, wenn du sie brauchst!

Meine wichtigsten Ziele sind:

Mit diesen Medien will ich meine offenen Fragen beantworten:

Diese Eigenschaften nutze ich aktiv, um gegen Rassismus einzutreten:

Diese Dinge helfen mir, mich emotional zu regulieren und wieder produktiv zu werden:

Diese Aspekte möchte ich hinsichtlich der drei Ebenen von Rassismus reflektieren:

Diese Reaktionen merke ich mir:

Diese Handlungsoptionen nehme ich grundsätzlich für mich wahr:

Diese Sätze sind immer mit dabei:

Den Spickzettel zum Ausdrucken findest du hinter dem QR-Code auf S. 184.

Abschlussreflexion

Geh ein letztes Mal das Workbook – vor allem aber die Abschlussreflexionen zu den einzelnen Kapiteln – durch und überlege, was sich für dich verändert hat.

Was hat sich durch deine Arbeit mit dem Workbook in dir verändert?

Welche neuen Möglichkeiten nimmst du für dich wahr?

Welche offenen Fragen hast du und wie kannst du sie dir beantworten?

Glossar

An dieser Stelle werden einige Begriffe erklärt, die im Zusammenhang mit Rassismus und Rassismuskritik stehen. Sie kommen gelegentlich im Workbook vor. Die Begriffe sind alphabetisch geordnet, damit du leichter findest, was du suchst.

BIPoC steht für Black, Indigenous und People of Color. Die Abkürzung umfasst verschiedene Selbstbezeichnungen von Gruppen, die Rassismus erfahren. Das Zusammenfassen der unterschiedlichen Selbstbezeichnungen verweist darauf, dass die Erfahrungen dieser Gruppen mit Rassismus unterschiedlich ausfallen. Das hängt auch mit der Geschichte von Versklavung, Kolonisierung und Widerstand zusammen.

People of Color ist eine Selbstbezeichnung von und für Menschen mit Rassismuserfahrungen. Sie bezieht unterschiedlichste Personen(-gruppen) ein, die sich als nicht-*weiß* in einer *weißen* Mehrheitsgesellschaft definieren, aber jeweils durchaus unterschiedliche Rassismuserfahrungen machen. Der Begriff entstand in der Bürger*innenrechtsbewegung in den 1960er Jahren in den USA. Viele Menschen, die sich als PoC bezeichnen könnten, verwenden genauere Selbstbezeichnungen für sich. BIPoC (Black, Indigenous und People of Color) schließt daran an und nennt Schwarze Menschen und Indigenous People explizit mit.

Die Begriffe »**Privileg**« oder »**Privilegien**« meinen das Gegenstück zu struktureller Diskriminierung. Eine Person, die im Zusammenhang mit Rassismus privilegiert ist, erfährt keinen Rassismus. Diskriminierung und Privilegien sind untrennbar miteinander verbunden. Privilegien sind den Menschen, die sie haben, oft nicht bewusst, sie erscheinen als normal.

Schwarz wird großgeschrieben und meint die selbstermächtigende politische Selbstbezeichnung von Schwarzen Menschen. Schwarze Menschen können etwa Menschen mit einem Bezug zum afrikanischen Kontinent sein, also Menschen, die einen oder zwei Schwarze Elternteile haben. Tatsächlich können Menschen, die sich als Schwarz bezeichnen, sehr unterschiedliche Hautschattierungen haben, wie etwa die Schauspielerinnen Lupita Nyong'o und Halle Berry. Die Selbstbezeichnung meint eine durch Rassismus geschaffene soziale Position, die Benachteiligung erfährt.

Selbstbezeichnungen sind Begriffe, die Menschen, die etwa Rassismus erfahren, für sich wählen. Sie entstehen als Reaktion auf die Verwendung abwertender Fremdbezeichnungen und sind eine Form des Widerstands. Selbstbezeichnungen verweisen nicht auf äußerliche Merkmale, etwa die Hautschattierung einer Person, sondern auf die geteilte Erfahrung mit Rassismus. Selbstbezeichnungen wie Schwarz oder People of Color werden großgeschrieben, um deren Widerstandscharakter zu unterstreichen. Nicht alle Menschen verwenden gängige Selbstbezeichnungen für sich: Manche Menschen benutzen noch genauere Begriffe für sich, andere gar keine.

Der Begriff »**soziale Position**« setzt sich aus den unterschiedlichen und im Zusammenhang mit Diskriminierung bedeutsamen Anteilen deiner Identität zusammen. Dazu zählt also nicht nur, ob du *weiß* bist oder ob du Rassismus erfährst, sondern auch deine Geschlechtsidentität, ob du hinsichtlich einer Behinderung Diskriminierung erfährst oder nicht (Ableismus), ob du mit Zugang zu Geld und formaler Bildung aufgewachsen bist oder nicht (Klassismus) oder auch, ob du hinsichtlich deiner sexuellen Orientierung diskriminiert wirst oder nicht (Heterosexismus). All diese Aspekte zusammengenommen ergeben deine soziale Position.

Die Bezeichnung ***»weiß«*** ist keine Selbstbezeichnung. Weil *Weiß*-Sein eine gesellschaftliche Norm ist, erscheint die Position *»weiß«* als neutral und bleibt unbenannt. Im Zusammenhang von Rassismuskritik wird der Begriff kursiv geschrieben. Der Begriff *»weiß«* bezieht sich dabei nicht auf Hautschattierungen, sondern beschreibt einen im Zusammenhang von Rassismus vergleichsweise einfacheren Zugang zu gesellschaftlichen Ressourcen wie Arbeit oder Bildung. Damit beschreibt *weiß* eine Machtposition, die durch Rassismus geschaffen wird.

Hier ist Platz, damit du eigene Einträge zu Begriffen ergänzen kannst, die dir neu waren und die du recherchiert hast:

Josies Bibliothek

Einführung zu Rassismus und Rassismuskritik

Monografien

→ Mohamed Amjahid: »Der weiße Fleck. Eine Anleitung zu antirassistischem Denken«, Pieper, München 2021.
→ Michaela Dudley: »Race Relations. Essays über Rassismus«, GrünerSinn, Gütersloh 2022.
→ Elsa Fernandez: »Fragmente über das Überleben. Romani Geschichte und Gadje-Rassismus«, Unrast, Münster 2020.
→ Tiffany N. Florv: »Black Germany. Schwarz, deutsch, feministisch – die Geschichte einer Bewegung«, Ch. Links Verlag, Berlin 2023.
→ Natasha A. Kelly: »Rassismus. Strukturelle Probleme brauchen strukturelle Lösungen!«, Atrium Verlag, Hamburg 2021.
→ Ozan Zakariya Keskinkılıç: »Muslimaniac. Die Karriere eines Feindbildes«, Edition Körber, Hamburg 2021.
→ Noah Sow: »Deutschland Schwarz Weiß. Der alltägliche Rassismus«, Goldmann, Leipzig 2009.

Sammelbände

→ Fatma Aydemir, Hengameh Yaghoobifarah (Hg.): »Eure Heimat ist unser Albtraum«, Ullstein, Berlin 2020.
→ May Ayim, Katharina Oguntoye, Dagmar Schultz (Hg.): »Farbe bekennen. Afro-deutsche Frauen auf den Spuren ihrer Geschichte«, Orlanda, Berlin 2021.
→ Zülfukar Çetin, Savaş Taş (Hg.): »Gespräche über Rassismus. Perspektiven & Widerstände«, Yilmaz-Günay, Berlin 2015.
→ Maureen Maisha Eggers, Grada Kilomba, Peggy Piesche, Susan Arndt (Hg.): »Mythen, Masken und Subjekte. Kritische Weißseinsforschung in Deutschland«, Unrast, Münster 2017.
→ Evein Obulor, RosaMag (Hg.): »Schwarz wird großgeschrieben«, &Töchter, München 2021.
→ Selma Wels (Hg.): »anders bleiben. Briefe der Hoffnung in verhärteten Zeiten«, Rowohlt, Hamburg 2023.
→ »Texte nach Hanau«, stolzeaugen.books, Köln 2021.

Online

→ Kimiko Suda, Sabrina J. Mayer, Christoph Nguyen: »Antiasiatischer Rassismus in Deutschland«, bpb Bundezentrale für politische Bildung, https://bpb.de/shop/zeitschriften/apuz/antirassismus-2020/316771/antiasiatischer-rassismus-in-deutschland [abgerufen am 10.2.2023].

→ »Perspektiven und Analysen von Sinti und Roma in Deutschland«, Heinrich Böll Stiftung, Heimatkunde, https://heimatkunde.boell.de/de/dossier-sinti-und-roma [abgrufen am 10.2.2023].

Instagram

→ »Beyond a Single Story«, https://instagram.com/beyond_a_single_story

→ »Erklär mir mal ...«, https://instagram.com/erklaermirmal

→ »Say My Name«, https://www.instagram.com/saymyname_bpb

Rassismus und Intersektionalität

→ Betiel Berhe: »Nie mehr leise. Die neue migrantische Mittelschicht«, Aufbau, Berlin 2023.

→ Emilia Roig: »Why We Matter. Das Ende der Unterdrückung«, Aufbau, Berlin 2021.

Rassismus in persönlichen Erzählungen

→ Fikri Anıl Altıntaş: »Im Morgen wächst ein Birnbaum«, Btb, München 2023.

→ Hadija Haruna-Oelker: »Die Schönheit der Differenz. Miteinander anders denken«, Btb, München 2022.

→ Alice Hasters: »Was weiße Menschen nicht über Rassismus hören wollen, aber wissen sollten«, Hanser, Berlin 2019.

Rassismus, Ruhe und Widerstand im Alltag

→ Tricia Hersey: »Rest is Resistance«, Octopus, London 2022.

→ Ev'Yan Whitney: »Sensual Self. Prompts and Practices for Getting in Touch with Your Body. A Guided Journal«, Clarkson Potter, New York 2021.

→ adrienne maree brown: »Pleasure Activism. The Politics of Feeling Good«, AK Press, Chico 2019.

Rassismus und Kolonialismus

→ Ngũgĩ wa Thiong'o: »Decolonising the Mind. The Politics of Language in African Literature«, Boydell & Brewer Ltd., Suffolk 2011.

→ Sinthujan Varatharajah: »an alle orte, die hinter uns liegen«, Hanser, Berlin 2022.

Rassismus und Liebe, Sex und Zärtlichkeit

→ Mohamed Amjahid: »Let's Talk About Sex, Habibi. Liebe und Begehren von Casablanca bis Kairo«, Pieper, München 2022.

→ Josephine Apraku: »Kluft und Liebe. Warum soziale Ungleichheit uns in Liebesbeziehungen trennt und wie wir zueinanderfinden«, Eden Books, Berlin 2022.

→ bell hooks: »Alles über Liebe. Neue Sichtweisen Buch von bell hooks«, HarperCollins, Hamburg 2021.

→ Şeyda Kurt: »Radikale Zärtlichkeit. Warum Liebe politisch ist«, HarperCollins, Hamburg 2021.

→ Amy C. Steinbugler: »Beyond Loving: Intimate Racework in Lesbian, Gay, and Straight Interracial Relationships«, Oxford University Press, New York 2012.

Rassismus und Psychologie

→ Resmaa Menakem: »My Grandmother's Hands: Racialized Trauma and the Pathway to Mending Our Hearts and Bodies«, Penguin, London 2021.

→ Beverly Daniel Tatum: »Why Are All the Black Kids Sitting Together in the Cafeteria? And Other Conversations About Race«, Basic Books, New York 2017.

→ Dwight Turner: »Intersections of Privilege and Otherness in Counselling and Psychotherapy«. Routledge, Oxon 2021.

→ Amma Yeboah: »Rassismus und psychische Gesundheit in Deutschland«, in: Meral El, Karim Fereidooni (Hg.): »Rassismuskritik und Widerstandsformen«, Springer, Wiesbaden 2017, S. 143–161.

Rassismus und Sprache

→ Susan Arndt, Nadja Ofuatey-Alazard (Hg.): »Wie Rassismus aus Wörtern spricht. (K)Erben des Kolonialismus im Wissensarchiv deutsche Sprache. Ein kritisches Nachschlagewerk«, Unrast, Münster 2011.

→ Kübra Gümüşay: »Sprache und Sein«, Btb, München 2021.

Rassismuskritik und *weißer* Feminismus

→ Natasha A. Kelly: »Schwarz. Deutsch. Weiblich. Warum Feminismus mehr als Geschlechtergerechtigkeit fordern muss«, Pieper, München 2023.

→ Rafia Zakaria: »Against White Feminism. Wie weißer Feminismus Gleichberechtigung verhindert«, Hanser, Berlin 2022.

Podcasts[6]

→ »BBQ – Der Black Brown Queere Podcast«, https://open.spotify.com/show/4Lsp7y9btg0OdhZw789i9U

→ »Floodlines«, https://www.theatlantic.com/podcasts/floodlines

→ »Hamam Talk«, https://open.spotify.com/show/1n6buU38MyUyupLZpaszUZ

→ »In The Dark«, Season 2, https://features.apmreports.org/in-the-dark/season-two

→ »Kleine Pause«, https://open.spotify.com/show/2XbMSBp6oZhh9jELtDGUSi?si=8119e8c5d70a4387

→ »Nice White Parents«, https://www.nytimes.com/2020/07/23/podcasts/nice-white-parents-serial.html

→ »Trauer & Turnschuh«, https://open.spotify.com/show/0Yhw3RCyM8HQHjR5VAhjCe?si=04ac4611970448ca

→ »1619«, https://www.nytimes.com/2020/01/23/podcasts/1619-podcast.html

→ »190220 – Ein Jahr nach Hanau«, https://open.spotify.com/show/0Z2UJwgGfDnxrlhJpeflNW

6 **Anmerkung** Ich möchte dich, wenn du Rassismus erfährst, bitten achtsam und selbstfürsorglich mit dir zu sein. Einige der Podcasts thematisieren Rassismus in seinen unterschiedlichen Facetten. Podcasts wie »1619«, »190220 – Ein Jahr nach Hanau« oder »In the Dark« sind teils schwer zu ertragen, weil sie über verschiedene Momente rassistischer Gewalt berichten und teils grafische Schilderungen rassistischer Gewalt enthalten. Sie zeichnen damit ein ebenso realistisches wie grausames Bild von Rassismus in der Gegenwart wie der Vergangenheit.

Materialien zum Download

Weitere Tagebuchseiten, dein Spickzettel, das Racial-Identity-Developement-Modell und weitere Materialien liegen hinter dem QR-Code zum Download für dich bereit.

Notizen

Datum

Ort

Neue Lektüre für gemeinsames Lernen

Die Reihe »Neue Lektüre für gemeinsames Lernen« vermittelt aktuelle Diskurse und eröffnet Perspektiven, sie bietet mit unterschiedlichen Produkten ganz konkrete Zugänge zu gesellschaftsrelevanten Themen. Die Bücher »Mädchen, Junge, Kind« von Daniela Thörner und »Wie erkläre ich Kindern Rassismus?« von Josephine Apraku machen verständlich, wie Alltagsrassismen und Geschlechternormen wirken und bringen Erwachsene, Kinder und Jugendliche in einen offenen, selbstbewussten und diskriminierungssensiblen Austausch.

Die neu erschienenen Lernkarten »Lasst uns über Rassismus reden!« und das Arbeitsbuch »Mein Workbook zu Rassismus« von Josephine Apraku bieten alles für eine tiefe Auseinandersetzung mit Rassismus. Das Workbook lädt zu einer ganz persönlichen Beschäftigung ein und richtet sich mit unterschiedlichen Reflexionsaufgaben sowohl an *weiße* Menschen wie auch an Menschen, die Rassismus erfahren. Die Lernkarten enthalten 60 Fragen und Aufgaben zum gemeinsamen Diskutieren, Recherchieren, Kreativ- und Aktivwerden und helfen so, Rassismen zu erkennen und abzubauen.

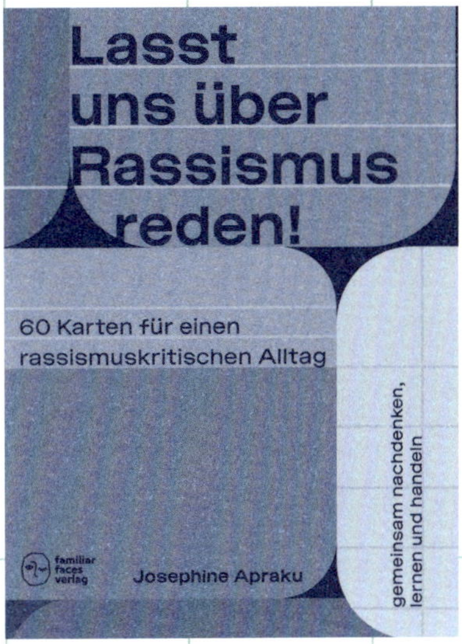

NEU!

Lasst uns über Rassismus reden!
60 Karten für einen rassismuskritischen Alltag

Autor*in
Josephine Apraku

Design
Studio Amanda Haas

EAN 4262388860140

Wie erkläre ich Kindern Rassismus?
Rassismussensible Begleitung und Empowerment von klein auf

Autor*in
Josephine Apraku

Illustratorin
Le Hong

ISBN 978-3-9823681-0-8

Mädchen, Junge, Kind
Geschlechtersensible Begleitung und Empowerment von klein auf

Autorin
Daniela Thörner

Illustratorin
Slinga

ISBN 978-3-9823681-1-5

Impressum

Josephine Apraku

Mein Workbook zu Rassismus
Für eine alltägliche und tiefgehende Auseinandersetzung

2. Auflage, August 2024
ISBN 978-3-9823681-2-2

Autor*in
Josephine Apraku

Art Direction + Graphic Design
Studio Amanda Haas, amandahaas.ch

Verlag
Familiar Faces, Y. Barth u. M. v. d. Berge GbR
Wiener Str. 35, 10999 Berlin
familiarfaces.de

Verlegerinnen
Yvonn Barth, Marie von dem Berge

Programmleitung + Redaktion
Lisa Schmidt

Redaktion
Katrin Mönch

Produktion
Studio Amanda Haas

Korrektorat
Claudia Nikschtat

Druckerei
Druckhaus Sportflieger, Berlin

Font
Chroma Beta, Selina Bernet

Hergestellt in Deutschland